내가 조금 불편하면
세상은
초록이 돼요

내가 조금 불편하면 세상은 초록이 돼요

초판 1쇄 2009년 3월 16일 | 초판 27쇄 2024년 5월 20일
글 김소희 | 그림 정은희
편집 이세은·차정민 | 마케팅 강백산·강지연 | 북디자인·손글씨 윤현이
펴낸이 이재일
펴낸곳 토토북 04034 서울시 마포구 잔다리로7길 19, 3층(서교동, 명보빌딩)
전화 02-332-6255 | 팩스 02-6919-2854
홈페이지 www.totobook.com | 전자우편 totobooks@hanmail.net
출판등록 2002년 5월 30일 제2002-000172호
ISBN 978-89-90611-73-4 73530

ⓒ 김소희, 정은희 2009
이 책은 저작권법에 의해 보호를 받는 저작물이므로 무단 전재 및 무단 복제를 금합니다.
잘못된 책은 구입하신 곳에서 바꾸어 드립니다.

- 제품명: 내가 조금 불편하면 세상은 초록이 돼요 | 제조자명: 토토북 | 제조국명: 대한민국 | 전화: 02-332-6255
- 주소: 서울시 마포구 잔다리로7길 19, 3층(서교동, 명보빌딩) | 제조일: 2024년 5월 20일 | 사용연령: 8세 이상
- KC 인증 유형: 공급자 적합성 확인
- KC마크는 이 제품이 공통안전기준에 적합하였음을 의미합니다.
- ⚠ 주의 책의 모서리에 다치지 않게 주의하세요.

지구를 지키는 어린이들의
환경 실천법 50

내가 조금 불편하면 세상은 초록이 돼요

김소희 글·정은희 그림

환경과생명을지키는전국교사모임 추천

www.totobook.com

차례

건강한 지구를 만드는 50가지 방법, 꼭 기억해 주세요 6

1장 물을 아껴 써요

집 안의 물 도둑을 잡아라 10
양치질할 땐 컵에 물을 받아 써요 12
물을 재활용해요 13
물 절약형 변기로 바꿔요 14
친환경 청소법을 배워요 16
깨끗한 물, 내가 만들어 먹어요 20
물 지도를 함께 그려요 22

2장 쓰레기는 이제 그만!

일회용품을 쓰지 않아요 30
플라스틱은 여러 번 다시 써요 33
종이컵 대신 나만의 컵을 써요 34
알루미늄 깡통, 꼭 재활용통에 넣어요 36
쓸데없는 우편물은 거절해요 38
음식은 먹을 만큼만 받아요 40
쓰레기 분리수거통을 만들어요 42
나는 마술사, 재생 종이를 만들어요 45

3장 아름다운 행동, 아나바다

버리기 전에 30초만 더 생각해요 52
잃어버린 물건을 찾아 주는 바구니를 만들어요 54
석유로 만든 제품을 아껴 써요 56
종이는 양면을 다 써요 58
휴지 대신 '쪽수건'을 챙겨요! 60
선물 포장지도 다시 써요 62
친구들과 같이 꼬마장터를 열어요 64

4장 에너지를 아껴 써요

오래 쓰는 형광등을 써요 70
냉장고 문을 자꾸 열지 않아요 72
텔레비전을 꺼요 74
'내' 안에 있는 '복'을 입어요 76
입던 옷은 옷걸이에 걸어 두어요 78
에너지 잔소리꾼이 돼요 79
환경을 지키는 자전거를 타요 80
차 없는 날을 만들어요 82
에너지 지도를 그려봐요 84

5장 녹색 소비자가 되어요

건강과 환경을 지키는 상품을 사요 90
자장면 시킬 때 나무젓가락은 거절해요 92
엄마랑 인형을 만들어 놀아요 94
스티커 때문에 빵을 사지 않아요 96
패스트푸드, 먹지 않아요 98
건강한 음식을 먹어요 102
동물을 죽여 만든 상품은 사지 않아요 106
아무 것도 안 사는 날을 정해요 109
물건을 사러 갈 땐 장바구니를 챙겨요 110
대형 마트 대신 시장에 가요 112

6장 생명을 소중히 해요

산에선 과일 껍질도 버려선 안 돼요 118
나만의 작은 숲을 만들어요 120
멸종동물 사전을 만들어 봐요 122
하늘로 풍선을 날리지 않아요 124
자연과 친구해요 125
시끄러운 소리, 소음을 줄여요 128
내가 가진 것에 감사해요 130
환경단체 회원이 되어요 131
환경 일기를 써요 132

들어가는 글

 건강한 지구를 만드는 50가지 방법, 꼭 기억해 주세요

"엄마, 또 화장실 불 안 끄고 나왔죠!"

아차……, 오늘 또 난 딸에게 한 소리 들었습니다.

나는 커다란 환경 운동 단체에 속해 환경 운동을 했고, 지구 환경에 대한 책도 썼습니다.

분명 나는 환경을 지키는 방법을 내 딸보다 훨씬 더 많이 알고 있습니다. 그런데 난 내 딸만큼 환경을 지키는 방법들을 실천하지 못할 때가 많습니다. 왜 그럴까요?

환경을 지키는 일은 어려운 일이 아닙니다. 조금 불편할 뿐입니다.

한 번 쓰고 휙 버리면 될 휴지 대신 빨아서 다시 쓰는 쪽수건을 만들어 쓰고, 차 타고 편히 다녀오면 될 것을 자전거를 타거나 걸어서 다녀옵니다. 새 물건을 살 때는 나에게 정말 필요한 것인지 아닌지 곰곰이 따져 봐야 하지요.

환경을 지키는 일은 몸에 익지 않으면 번거롭다며 하기 싫어지는 일입니다. 그래서 나와 같은 대부분의 어른들은 환경을 지키는 방법을 알면서도 쉽고 편안한 쪽을 택할 때가 많습니다. 어릴 때부터 환경을 지키는 방법들을 몸에 익히지 않았기 때문이지요.

그래서 나는 이 책을 읽는 어린이들이 참 소중합니다. 이 책엔 생활 속에서 지구 환경을 지키는 50가지 방법들이 담겨 있습니다. 양치할 때 컵에 물을 받아 쓰고, 종이는 뒷면까지 쓰는 등 생활 속의 작은 습관들이 지구 환경을 지키는 큰 힘이란 것을 알게 될 거예요. 또 나의 행동 중에 지구 환경을 파괴하는 일이 무엇인지도 알 수 있습니다.

환경을 지키는 일은 어려운 일도 쉬운 일도 아닙니다. 단지 지구에 사는 우리가 꼭 해야 할 일이지요.

나도 자꾸 까먹지만 내 딸과 함께 열심히 노력할 것입니다. 작은 생활 습관부터 차근차근 바꿔 가면서요.

환경을 지키는 우리의 하루가 모여 지구는 분명 건강해질 것입니다. 이 책이 푸른 지구를 꿈꾸는 여러분에게 작은 도움이 되길 바랍니다.

1장

물을 아껴 써요

사람이 먹고 씻고 하면서 하루를 생활하려면
80리터의 물이 필요하대요. 그런데 미국에선 한 사람이
하루에 쓰는 물이 1,000리터나 된대요. 차를 닦거나
잔디에 뿌리면서요. 한편, 가난한 제3세계 어린이들은
깨끗한 물을 먹지 못해 병에 걸려 하루에 약 1만
5,000명이 죽어간대요. 참 불공평해요.
혹시 지금 누군가에게 생명이 될 소중한 물을 아깝게
버리고 있지 않나요? 세수하면서, 목욕하면서,
물놀이하면서 말이에요.

 첫 번째 방법

집 안의 물 도둑을 잡아라

똑-. 똑-.

귀 기울여 들어 보세요. 물방울 떨어지는 소리가 들리지 않나요?

하루 동안 수도꼭지에서 떨어지는 물 한 방울 한 방울을 모으면, 1.5리터짜리 페트병 10개를 채우고도 남는대요. 쓰지도 않고 그냥 흘려버리기에 아깝지 않나요? 또, 수세식 변기에서 물이 새면 한 달 수도요금이 3만 원이나 더 나온대요. 물이 새는 건 집 안에 돈을 훔쳐가는 도둑이 있는 것과 같아요.

안 되겠어요. 이제부터 내가 우리 집 물 도둑을 잡는 탐정이 될 거예요. 쉿! 나를 따라 오세요.

세면대 밑이나 샤워기, 욕조, 변기에 물이 새는 곳이 있는지 살펴봐요. 녹이 슨 흔적이나 젖은 자국, 곰팡이 자국들이 보이면 사진을 찍어 놓아요.

수세식변기도 가끔 살펴봐야 해요. 소리 없이 물 샐 때가 많거든요. 변기 물탱크에 물감을 넣고 기다려 보세요. 변기에 물감이 새어 나오면 물이 새는 거예요.

모든 수도꼭지를 잠근 다음, 수도 계량기도 살펴봐요.

엇! 숫자가 올라가네? 물이 아직도 새고 있나 봐요.

도둑이 숨은 곳	도둑의 움직임	한 달 동안 훔쳐간 돈
수세식 변기	변기 밑부분에 연필 굵기의 물이 흐른다	9,860원
	변기 밑부분과 벽면에 물이 흐른다	29,860원
수도꼭지	똑똑 1분에 60개 정도로 물방울이 만들어진다	90원
	1mm 정도 굵기로 가늘게 흐른다	540원
	2mm 정도의 성냥개비 굵기로 흐른다	2,140원

도대체 물도둑은 어디에 숨은 거지?

"121번으로 전화해 볼까?" 엄마가 불쑥 말씀하셨어요.

"왜요?"

"이곳에 전화하면 집 안 어디에서 물이 새는지 조사해서 고쳐주거든."

"엄마! 왜 이제야 얘기해 주는 거예요!"

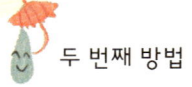 두 번째 방법

양치질할 땐 컵에 물을 받아 써요

"엄마, 또 깜박했어요."

양치질할 때 '컵에 물 받아 쓰기', 세수할 때 '세면대에 물 받아 쓰기'는 내가 꼭 지키기로 한 약속이었는데 오늘도 그만 양치하고 세수할 동안 계속 수도꼭지를 틀어놓고 말았어요. 자꾸 깜박해요. 알면서도 왜 잘 안 될까요? 속상해서 내 머리를 쥐어박았어요.

"습관이 안 돼서 그래. 매일매일 생각하면 곧 익숙해져서 네 몸이 알아서 잘 할 거야."

엄마는 그래도 약속을 기억해 낸 내가 기특하다고 위로해 주셨지요.

친구들은 어떤가요? 양치질할 때, 세수할 때 수도꼭지를 그냥 틀어두고 하나요?

양치질 하는 동안 물을 계속 틀어 놓으면 약 7리터의 물이 그냥 흘려진대요. 내 양치컵으로 48컵이나 된다고요. 헉- 48컵이라니!

세 번째 방법

물을 재활용해요

    욕실 약속 하나 더, '욕조에서 물놀이 하지 않기!' 난 저녁마다 욕조에 물을 받아 놓고 물놀이를 했어요. 그런데 내가 잠깐 재미있으려고 놀다 버린 물이 200리터가 넘는대요. 커다란 생수병 200개의 물이 한꺼번에 주루룩- 사라지는 거래요.

    그래서 엄마랑 약속했어요. 씻을 때는 간단히 샤워만 하기로요. 비누칠 할 동안엔 샤워기를 꼭 잠그고요.

    그래도 물놀이가 너무 하고 싶으면 욕조 밖에서 몸을 깨끗이 씻은 다음에 물놀이를 해요. 그럼 엄마는 그 물로 운동화와 걸레를 빨거나 식물에 물을 줘요. 물을 재활용하는 거예요.

    참, 엄마 아빠한테도 말씀드려요. 설거지할 때 물을 설거지통에 받아서 하면 하루에 30리터의 물을 절약하게 된대요. 매일 30리터씩 절약하면 1년이면 트럭 11대를 채울 만큼의 물을 절약할 수 있대요.

욕조물을 꼭 재활용 하지요.

네 번째 방법

물 절약형 변기로 바꿔요

   변기 물을 한 번 내릴 때마다 커다란 생수병 12개 정도의 물이 쏟아진대요. 그 절반만 써도 충분한데 말이에요. 우리 가족 4명이 하루에 16번 물 내리던 횟수를 반만 줄여도 1년에 3만 5천 리터의 물을 절약할 수 있대요. 수영장을 채울 만큼의 물이지요. 그래서 우리 가족은 집에서만이라도 변기 물 내리는 횟수를 줄이기로 했어요. 여러 번 오줌을 누고 나서 물을 내리는 거예요. 하지만…… 아빠가 코를 움켜쥐고 화장실에서 나오셨어요.

변기 물을 아낄 수 있는 페트병 완성!

1.5L

"어휴, 냄새. 난 도저히 안 되겠어."

키득키득 웃었지만 나도 아빠 마음이랑 똑같아요.

아빠는 우리 식구니까, 아빠도 좋아하실 다른 방법을 찾아봐야지.

"그거야, 그거!"

아빠는 한 번에 6리터의 물만 내보내는 절약형 변기로 바꾸자고 했어요. 그동안엔 임시로 페트병을 쓰고요. 어떻게 하냐고요?

1.5리터짜리 페트병에 모래와 자갈을 채우고, 변기 물탱크에 넣으면 돼요. 간단하지요? 이제 우리 집 변기는 페트병 부피만큼 물을 덜 내보낼 거예요.

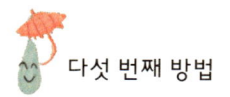 다섯 번째 방법

친환경 청소법을 배워요

"청소 시작!!"

일요일 아침 우리 가족은 대청소를 합니다. 아빠랑 나는 화장실, 엄마는 부엌을 맡았어요.

아빠랑 나는 바지를 걷고 화장실 바닥에 바가지로 물을 힘차게 뿌렸지요. 그런데 이게 뭐야?

내가 뿌린 물이 화장실 바닥에 차오르는 거예요. 하수구가 막혀 있지 뭐예요.

"세제를 사와야겠어."

아빠는 하수구를 뚫어주는 세제를 사러 가려 했어요. 그때 엄마가 아빠를 불렀어요.

"여보, 이걸로 해 봐요."

"이건 베이킹 파우더잖아."

베이킹 파우더는 빵과 과자를 만들 때도 쓰이지만 막힌 하수구도 금세 뚫어주지요.

엄마는 뜨거운 물에 베이킹 파우더와 식초, 소금을 넣고 잘 섞은 후, 하수구 구멍에 부었어요.

"이걸로 될까?"

아빠는 믿지 못하는 눈치였어요. 그런데 좀 있으니까 하수구는 '뿌뿍' 소리를 내며 물을 빨아들였어요. 꼭 트림하는 것 같았어요. 아빠랑 내가 신기해하니까 엄마가 뽐내며 말했어요.

"세제를 쓰면 몸에도 해롭고, 물도 오염시켜요. 물을 깨끗하게 해 주는 미생물을 죽이거든요."

"와! 당신 최곤데!"

"엄마 최고예요!"

오늘 아빠랑 난 엄마한테 친환경 청소법을 배웠어요. 친구들도 대청소 날 이렇게 청소해 보아요.

오~ 식초와 소금도 잊지 말아야지.

"붕산 한 숟갈에 변기가 반짝반짝"

♣ 변기용 세제는 쓰지 마세요. 푸른색이 나는 변기용 세제는 똥을 분해하는 미생물을 죽게 한대요. 화학 세제 대신 붕산 한 숟가락(찻숟가락)을 물 반 컵에 녹여서 변기에 넣어 보세요. 한 시간쯤 두면 변기 안이 깨끗해져요.

♣ 쌀뜨물은 훌륭한 천연 세제예요. 기름기까지 쉽게 없앨 수 있어요.

"설거지 할 때 쌀뜨물로 싹싹"

♣ 세제를 쓰지 않고 설거지 할 수 있는 '아크릴수세미'도 있어요. 싱크대를 닦을 때 수세미에 식초를 묻혀 닦으면 돼요.

♣ 화장실 바닥은 솔에 베이킹파우더를 묻혀 닦으면 깨끗해져요.

♣ 빨래는 아직 우리가 하기 힘드니까 엄마한테 부탁해야겠지요. 대신 엄마한테 빨래를 마지막으로 헹굴 때 섬유유연제 대신 식초 한 컵을 넣으면 좋다고 꼭 알려 주세요.

♣ 와~ 청소가 끝났다! 집 안에 향기도 났으면 좋겠다고요? 숯과 모과, 탱자를 집 구석구석에 놓아두세요. 화학물질로 만들어진 방향제보다 훨씬 향기가 좋을 거예요.

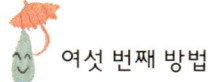 여섯 번째 방법

깨끗한 물, 내가 만들어 먹어요

"엄마, 정말 수돗물을 그냥 먹어도 돼요?"

TV 광고에서는 수돗물이 깨끗하다고 하지만 엄마는 한 번도 수돗물을 그냥 주신 적이 없어요. 늘 보리차를 끓여 주세요. 내 친구 동환이네는 정수기를 쓰고요.

가끔 양치질을 하다 나도 모르게 입 안을 헹군 수돗물을 꿀꺽 마시게 되면 막 걱정이 돼요.

"엄마, 우리도 다른 집처럼 정수기가 있으면 좋겠어요."

"음, 그럼 엄마랑 정수기를 만들어 볼까?"

"정수기를 만든다고요?"

정수기 만들기는 생각보다 쉬웠어요.

* 정수기는 물을 깨끗하게 하는 기구예요.

정수기 만드는 법

1. 큰 자갈, 작은 자갈, 모래, 숯, 페트병을 준비해요.
2. 밑바닥을 잘라낸 페트병 주둥이에 깨끗한 헝겊을 씌워 끈으로 꽁꽁 묶어요.
   (병을 자르는 건 어른에게 부탁하세요)
3. 페트병 주둥이를 아래로 향하게 한 후, 숯 - 모래 - 작은 자갈 - 큰 자갈 순서로
   1~2센티미터 정도씩 쌓아요.
4. 물을 깨끗하게 해 주는 나만의 정수기 완성!

정말 쉽지요? 이제 나도 깨끗한 물을 먹을 수 있게 되었다고요.

더 깨끗하게 걸러주고 싶으면 같은 순서로 한 번씩 더 쌓아 주세요.

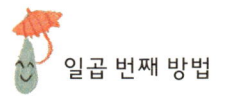
일곱 번째 방법

물 지도를 함께 그려요

"오늘 신문에 남한강 물이 오염돼서 상수도 관리에 비상이 걸렸다는 기사가 나왔어요."

"선생님, 상수도 관리가 뭐예요?"

"우리가 먹는 물을 보살피는 일이에요. 여러분은 남한강 물이 오염된 거랑 우리가 먹는 물이랑 무슨 상관이 있는지 아나요?"

내 짝꿍 진호가 손을 번쩍 들었습니다.

"그 강물을 우리가 먹기 때문입니다."

"우리 집은 슈퍼에서 생수를 사다 먹는데……."

우리가 먹는 물은 어디서 올까요?

우리집은 정수기 물인데……

동환이는 진호의 말이 이해가 잘 안 되나 봐요.

"우리 집은 정수기 물을 먹어."

"우리 집 물은 보리차야."

갑자기 교실 이곳저곳이 시끄러워졌습니다.

"모두 물을 매일 마시면서 그 물이 어디서 오는지는 모르는군요. 우리가 쓰는 물은 강물이나 저수지 물을 정수장에서 깨끗하게 거른 다음, 수도관을 통해 흘러오지요. 그래서 강물이 오염되면 우리가 쓰는 물도 모두 오염되는 거예요. 예전에 낙동강 물이 우리 몸에 해로운 '페놀'에 오염돼서 그 지역 사람들이 병에 걸렸어요. 그러니까 강가에 가서 함부로 물을 오염시키면 안 돼요. 강물이 곧 내가 먹는 물이니까요."

"바닷물도요?"

"그럼, 바닷물도 마찬가지죠. 우리가 쓰는 물이 우리에게 오기까지 어떤 여행을 하는지 알아볼까요?"

물방울이 모여 무거워진 구름은 빗물이 돼요.
이 빗물이 산과 들로 떨어져 강물이 돼요.

잠깐! 강물에 쓰레기를 버리면 우리가 먹는 물이 더러워져요.

호수를 더럽히면 호숫가에 사는 작은 동물들이 병에 걸려요.

공장에서 쓴 물은 폐수처리장을 지나 바다로 가요.

강물은 상수도 시설을 지나 우리집과 공장으로 가요.

집에서 쓴 물은 하수처리장을 지나 바다로 가요.

설거지를 할 때 종이로 기름기를 닦아낸 후 물로 씻어요. 하수처리장을 지난다 해도 신경써서 버리면 더 좋겠지요?

날짜 : 3월 22일 (세계 물의 날)
제목 : 물이 왜 소중해?

지구는 물의 행성이라고 불릴 만큼 물이 많다. 하지만 사람들이 쉽게 사용할 수 있는 물은 약 2.5% 뿐이다. 게다가 그 중의 반 이상이 얼음덩어리여서 사람들이 실제로 먹을 수 있는 물은 약 0.03%밖에 되지 않는다. 헉! 1%도 안 된다니! 아빠가 사람은 몇 주일 동안 음식을 안 먹어도 견딜 수 있지만, 물을 마시지 않으면 단 며칠 밖에 살지 못한다고 했다. 왜냐하면 우리 몸의 대부분이 물로 이뤄져 있기 때문이다.

또 물은 사람뿐 아니라, 식물과 동물 모두에게도 꼭 필요하다. 지구에 사는 생물체는 거의 다 물이 없으면 아무 것도 할 수 없다. 우리가 살아가는 데 꼭 필요한 물, 지구에 얼마 없는 귀한 물을 앞으로 소중히 하고 아껴 써야지!

지구 — 물 97.5%

물 70%

> 내가 찾은 환경 뉴스

환경오염으로 생긴 질병, 공해병

1953년에 일본 미나마타만 근처에 세워진 비료공장에서 수은이 녹아 있는 폐수를 바다에 몰래 버렸다. 그랬더니 그곳에 사는 사람들이 너무 아파서 온몸을 비틀다 끝내 목숨을 잃는 무서운 병에 걸렸다.
미나마타병으로 1953년부터 1989년까지 333명의 사람이 죽고 2,665명의 사람이 수은 중독에 걸렸다. 정말 무서운 일이다. 이런 일이 다시 일어나지 말아야 할 텐데……

물이 오염되면 수많은 사람의 목숨이 위협받는다. 제 2의 미나마타병이 생기지 않도록 환경을 오염시키고 파괴하는 것을 보면 재빨리 환경신문고 128번에 신고하자!
신고할 때, 발견 상황, 장소, 날짜와 시간을 정확히 전해야 한다.
기억해 둬야지, 환경 신문고 128!

* 신문고는 조선시대에 백성이 억울한 일을 당하거나 나쁜 일을 신고할 때 치게 한 북이에요.

2장

쓰레기는 이제 그만

매일매일 생기는 쓰레기!
쓰레기를 땅속에 묻어 버린다고 해서 쓰레기가 지구에서
사라지는 게 아니에요. 어떤 쓰레기들은 수백 년이 지나도
썩지 않은 채 남아 있어요. 혹시 우리는 쓰레기 산 위에서
살고 있는 것이 아닐까요? 어느 날 갑자기, 우리 발밑에서
마구 섞여 부패하던 쓰레기들이 무서운 괴물로
변해 폭발하지는 않을까요?

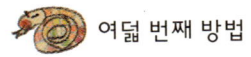 여덟 번째 방법
일회용품을 쓰지 않아요

"나는 생수병이야."

소연이는 나무젓가락, 예진이는 알루미늄 접시, 단비는 종이컵, 동환이는 사발면 그릇, 진호는 음료수 캔, 세훈이는 아이스크림 봉지예요.

오늘 나랑 내 친구들은 모두 '일회용품 쓰레기'가 됐어요. 분장한 모습이 웃겨서 우리는 키득키득 웃었어요. 그러나 예쁘게 만들어졌다가 아무렇게나 휙— 버려져서 캄캄한 땅속에 묻혀야 하는 쓰레기의 이야기를 하면서 마음이 아팠어요.

"나는 아직도 튼튼해. 여러 번 더 써도 끄떡없다구. 그런데 사람들은 나를 땅에 묻으려 해."

500년이나 땅속에 묻혀 있어야 한다니!

"나를 이대로 버리면 500년이나 땅속에 묻혀 있어야 해. 500년이나 어둠 속에서 살다 죽는 거잖아."

"나는 땅속에서 땅을 오염시키는 나쁜 괴물로 변할지도 몰라. 나는 괴물이 되고 싶지 않아."

우리나라에서 한 사람이 일 년 동안 버리는 쓰레기는 약 660kg으로 대부분이 일회용품이래요. 대부분의 일회용품 쓰레기는 재활용이 되지 않아서 땅에 묻어요. 땅에 묻힌 일회용품 쓰레기는 땅을 오염시키는 화학물질을 내뱉어요. 또 썩어 없어지는 데 긴 시간이 걸리고요.

어떤 쓰레기는 몇 백 년이 지나도 썩지 않는대요. 어쩌면 오늘 내가 버린 컵라면 용기는 500년 후에 내 후손들이 볼지도 몰라요. 안 되겠어요. 지금 당장 일회용품 쓰레기를 줄여야겠어요. 어떻게 하냐고요?

♣ 일회용 포장을 많이 한 과자 회사에 포장을 줄여달라고 정중히 요청해요. 컴퓨터로 회사 홈페이지 '고객의 소리'와 같은 게시판에 글을 올리거나 회사로 직접 편지를 써요. 그래도 일회용 포장을 줄이지 않는다면 그 물건들을 사지 않아요. 우리가 사지 않는다면 그것을 만드는 회사도 다시 생각할 거예요.

♣ '일회용'이라고 한 번 쓰고 버리지 말고 여러 번 다시 써요. 버리기 전에 혹 다른 쓰임새가 있는지 생각해 봐요.

스티로폼 액자　　나무젓가락 배　　우유팩 연필꽂이

♣ 우리가 자주 쓰는 일회용품들의 썩는 기간을 알아봤어요. 윽, 정말 앞으로 일회용품을 쓰지 말아야겠어요!

일회용기저귀	100년 이상
스티로폼	500년 이상
종이컵	20년 이상
플라스틱 병	100년 이상
알루미늄 캔	500년 이상
양철 캔	약 100년
나무젓가락	약 20년
칫솔	100년 이상

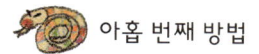 아홉 번째 방법

플라스틱은 여러 번 다시 써요

생수, 요구르트, 즉석식품 밥, 초콜릿 과자, 김, 문구류 세트, 패스트푸드 음식점의 그릇과 빨대, 장난감 총…….

우와~ 내가 버린 플라스틱이 이렇게 많다니!

해마다 한 사람이 버리는 플라스틱 쓰레기의 무게가 27킬로그램이나 된대요. 계속 이렇게 버린다면…… 윽, 플라스틱 쓰레기에 눌려 질식할지도 몰라요. 플라스틱을 버리지 않고 다시 쓸 수 있는 방법이 없을까요?

♣ 플라스틱 음료수 컵으로 화분을 만들어요. 컵 바닥에 송곳으로 물 빠질 구멍을 뚫어요. 송곳을 쓸 땐, 엄마나 아빠에게 도와달라고 해요. 컵 바깥쪽에 그림도 그리고, 예쁜 플라스틱 접시를 바닥에 두면 나만의 화분 완성!

♣ 작은 페트병 2개에 모래를 가득 채워요. 뚜껑을 꼭 잠그면 팔심을 길러 줄 아령으로 변신! 한 손에 하나씩 들고 열심히 운동해 봐요.

♣ 일회용 그릇에 지점토를 깔아요. 굳기 전에 생일 케이크 위에 있는 플라스틱 장식품들을 꽂아요. 근사하지요?

2장 • 쓰레기는 이제 그만! 33

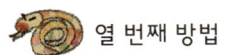 열 번째 방법

종이컵 대신 나만의 컵을 써요

어른 한 사람이 일 년 동안 쓴 종이컵의 수가 무려 500개나 된대요.

회사, 학교, 은행, 지하철역, 동네 구멍가게 앞에 있는 자판기까지 이곳저곳에서 종이컵이 쓰여요. 게다가 요즘엔 우리들도 종이컵을 많이 쓰잖아요. 컵떡볶이랑 슬러시 먹을 때 말이에요.

만일 내가 매일 떡볶이랑 슬러시를 사 먹는다면…… 우와 일 년에 약 700개의 종이컵을 쓰는 거잖아!

얼마 전 뉴스에서 봤어요. 어느 대학교에서 자판기에 있는 종이컵을 모두 없앴대요. 대신 학생들에게 개인용 스테인리스 컵을 하나씩 주었어요. 언니, 오빠들은 한동안 습관대로 자판기 버튼을 눌렀다가 컵 없이 커피만 쏟아져서 당황한 적이 여러 번 있었대요. 하지만 이제는 누구나 자판기에 자기 컵을 넣어 음료를 받는 일에 익숙해졌대요.

나도 언니, 오빠들처럼 나만의 컵을 갖기로 했어요. 어느 날 엄마가 이렇게 말씀하셨거든요.

"엄마가 뚜껑이 있는 스테인리스 컵을 주면, 너 그걸 갖고 다닐 수 있겠니?"

"거기다가 떡볶이 받아 먹고, 슬러시 받으라고요?"

"응, 한 번 해 볼래?"

"하고 싶긴 한데 친구들이 놀리면……, 음, 좋아요. 엄마, 저 해 볼래요."

짓궂은 친구들이 놀리면 '난 지금 지구환경을 지키는 중이야.'라고 할 말도 생각해 뒀어요. 하지만 지금 내 친구들은 모두 나처럼 자기 컵을 들고 다녀요. 분홍, 노랑, 파랑 색색이 자기만의 예쁜 컵에 담아 먹으니 더 맛있는 거 같대요.

종이컵 대신 예쁜 내 컵에 떡볶이를 받아 먹으니 맛도 좋고, 지구 환경도 지키고, 기분도 엄청 뿌듯하답니다!

예쁜 내 컵으로 환경을 지켜요.

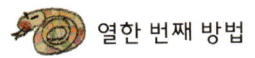 열한 번째 방법

알루미늄 깡통, 꼭 재활용통에 넣어요

"세훈아, 받아!!"

수현이가 찬 알루미늄 깡통이 빠르게 날아옵니다.

"아얏!"

깡통이 그만, 내 이마에 와서 부딪혔어요. 눈물이 핑 돌았습니다.

"미안해. 세훈이한테 패스한 건데……."

"괜찮아, 헤헤."

아프긴 했지만 난 깡통을 얻을 수 있어서 수현이의 사과를 받아줬어요.

난 얼마 전부터 깡통을 모으기 시작했어요. 길거리에 버려진 깡통까지 주워 망태 할아버지라고 놀리는 친구들도 있지만 신경 쓰지 않아요. 깡통 모으는 일은 정말 중요한 일이거든요.

알루미늄 깡통은 새로 만들려면 재료인 보크사이트를 찾기 위해 땅을 파야 해요. 그러면 그곳에 사는 동물, 식물을 모두 해치는 거예요. 게다가 알루미늄 깡통을 만들 땐 엄청난 양의 전기에너지가 필요해요. 그뿐인가요? 알루미늄 깡통은 썩어 없어지는

데 500년이나 걸린대요. 이런 이유로 알루미늄 깡통을 새로 만들기보단 재활용하는 일이 환경을 지키는 일이지요.

어떻게 다 쓴 알루미늄 깡통을 새 알루미늄 깡통으로 만드냐고요?

다 쓴 알루미늄 깡통을 잘게 썰어 녹여요. 녹인 알루미늄을 막대 모양으로 만든 후 그 막대를 얇게 펴 다시 깡통으로 만들지요.

언젠가 내가 먹고 버린 깡통이 깨끗한 새 깡통으로 다시 내게 돌아올지도 몰라요.

어때요? 지구를 위해 '망태어린이'가 되는 것도 나쁘지 않겠지요?

알루미늄 깡통은 꼭 재활용통으로!

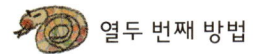 열두 번째 방법
쓸데없는 우편물을 거절해요

"엄마, 이 편지들은 왜 버려요?"

쓰레기통에 뜯지도 않은 편지들이 가득했어요.

"받고 싶은 편지가 아니야. 우리 집에 왜 온 건지도 모르겠고."

"또 오면 어떡해요? 그럼 또 쓰레기가 되잖아요."

"그럼 어떻게 하지?"

반가운 사람의 소식을 전해주는 편지는 매일매일 받고 싶지만 학원 광고지, 백화점 세일을 알리는 전단지는 그렇지 않아요.

엄마와 나는 필요하지 않은 우편물을 정중하고 예의 바르게 거절하기로 했어요.

편지를 보낸 회사에 전화를 걸어서, 원하지 않는 우편물이니 우리 집 주소와 이름을 우편 발송 목록에서 지워 달라고 부탁했지요.

전화가 안 되는 곳은 우편물 겉봉에 '받고 싶지 않습니다.'라고 적어 돌려보내거나 반송함에 넣어 두었어요.

이렇게 한 번만 수고하면 버리는 우편물이 또 생기지 않아요. 우편물을 구분하는 시간도 아끼고, 해마다 반 그루의 나무를 지킬 수 있고요. 그뿐인가요. 쓰레기도 줄이고 우편물을 보낼 때 드는 운송비도 줄인답니다.

필요하지 않은 편지는 보내지 말라고 부탁해요.

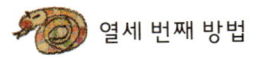 열세 번째 방법

음식은 먹을 만큼만 받아요

"앗, 냄새!"
범인은 음식물 쓰레기였습니다.
"창문 열어!"
나는 부랴부랴 창문을 열었습니다.
"어제 치웠어야 하는데, 그냥 두었더니 엉망이 됐네."
"어휴, 이 찌개가 아직도 있었네."
음식물 쓰레기를 버리려던 엄마는 아예 냉장고 청소까지 할 마음을 먹고 앞치마를 두르셨어요.
어머나!
냉장고 안에서 내가 먹다 남긴 딱딱한 볶음밥과 하얀 곰팡이가 생긴 생선 조림이 나오지 뭐예요. 엄마랑 난 버릴 음식들을 모두 개수대에 부어 넣었지요. 설거지통에 빈 그릇이 쌓이는 만큼 개수대에 음식쓰레기도 가득 차올랐어요.
엄마는 어쩐지 힘이 없어 보였어요.
"우리나라에서 버려지는 음식물을 돈으로 바꾸면 무려 7조가 넘는대. 너 고속기차 타봤지? 그 기차 4대를 만들 수 있는 엄청난 돈이래. 그 돈이면 곳곳에서 굶어 죽는 아이들이 배부르게 먹고도 남을 텐데……. 음식이 없어

굶는 사람들도 있는데, 엄마가 잘못했어."

엄마는 버려지는 음식을 보며 시무룩합니다.

"나 때문이에요. 이제부터 음식을 남기지 않을게요. 먹을 만큼만 달라고 할게요."

내가 싹싹 빌자 엄마가 그만 웃어버렸어요.

집에서 나오는 쓰레기의 3분의 1이 음식쓰레기래요.

그런데 음식쓰레기는 대부분이 젖어 있어서 쓰레기 소각장에서 태울 때 우리 몸에 나쁜 가스를 만들어 내요. 그러니까 음식쓰레기는 최대한 말려서 버려야 하는 거 잊지 마세요.

♣ 개수대에 양파망이나 헌 스타킹을 씌워둬요. 그리고 쓰레기를 버리기 전에 그 망을 짜서 물기를 없애요. 그럼 환경도 지키고 쓰레기통의 냄새도 막을 수 있대요.

우리 딸 너무 예쁘네.

남기지 않고 다 먹었어요!

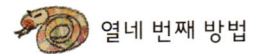 열네 번째 방법
쓰레기 분리수거통을 만들어요

　화요일 아침은 늘 정신이 없어요. 우리 동네 재활용품 수거일이거든요.
　엄마는 아빠랑 내가 밥 먹는 동안 베란다 구석에 아무렇게나 쌓아둔 재활용품 몇 무더기를 봉지에 담아 현관 앞에 옮겨뒀어요.
　먼저 출근하는 아빠가 재활용품 한 꾸러미를 들고 내려갔어요.
　"학교 다녀오겠습니다."
　엄마는 나에게도 재활용품 한 봉지를 내미셨지요. 엄마는 큰 스티로폼이랑 종이박스들을 들고요.
　그런데 분리수거차 앞에 줄지어 있는 분류 포대를 보고 엄마는 한숨을 내쉽니다.
　"바쁜데……."
　종이, 병, 캔, 플라스틱, 스티로폼.
　에이, 집에서부터 종류별로 각각 다른 봉투에 담아두었더라면 좋았을 걸.
　"한데 섞인 걸 그냥 두고 가는 사람들도 있어요. 이것 봐요, 이거. 이렇게 쓰레기를 분리하지 않고 버리는 경우도 있다니까."
　수거차 아저씨는 피자 포장지에서 먹다 남은 피자 조각을 털어 내면서 얼굴이 붉으락푸르락해졌어요.
　재활용품이 마구 섞이지 않도록 집에서도 분리수거통을 만들어야겠어요.

♣ 상자를 구해서 4개의 통을 만들어요. 통에다 '캔', '유리', '플라스틱', '종이'라고 쓰세요. 음식물 쓰레기통은 엄마에게 부탁해요.

♣ 분리수거에도 요령이 있어요.
- 신문은 신문대로, 공책은 공책대로, 종이 쇼핑백은 종이 쇼핑백대로 가지런히 나눠 묶어요. 종이 상자는 완전히 펼쳐서 부피를 줄이고 우유팩은 깨끗이 씻어서 말려 납작하게 눌러요. 종이에 붙은 테이프나 클립, 종이찍개용 철침은 반드시 제거하고, 코팅된 종이의 코팅도 잊지 말고 떼어 내요. 떼어낸 코팅용지는 플라스틱으로 분리해 주세요.

- 유리병을 버릴 땐 금속이나 플라스틱으로 된 뚜껑을 따로 분리하고, 곰팡이가 생기지 않도록 병 속은 물로 헹궈줘요.

- 플라스틱류도 속을 깨끗이 비운 후 재활용통에 넣어요. 캔은 평평한 곳에 놓고 납작해질 때까지 밟아요.

♣ 쓰레기를 버릴 때는 꼭 분리수거를 해야 해요. 우유팩은 휴지가, 알루미늄 캔은 자전거가, 포도주 병은 잼을 담아두는 예쁜 그릇이 될 수 있거든요. 우리의 작은 노력으로 하마터면 쓰레기가 될 뻔한 물건들이 새 삶을 살 수 있지요. 또 우리 후손들이 살아갈 땅도 지키니까 일석이조잖아요.

 분리수거통을 정리하는 일을 내가 하기로 했어요. 주변이 지저분해지지 않도록 말이에요. 재활용 당번도 정했어요. 아빠는 캔과 유리, 엄마는 플라스틱, 나는 종이 쓰레기를 맡았지요. 마지막으로 제일 중요한 것! 재활용 수거일을 잊지 않고 꼭 기억하기!

 열다섯 번째 방법

나는 마술사, 재생 종이를 만들어요

오늘 미술 시간에 재미난 수업을 했어요.

우리가 종이를 직접 만들었어요!

그것도 앞뒤로 꼼꼼히 다 쓴 헌 종이를 가지고서요! 난 다 쓴 종이가 새 종이로 바뀔 수 있다는 게 너무 신기했어요. 선생님께선 우리가 만든 종이를 '재생 종이'라고 한대요.

집에 오자마자 나는 헌 종이들을 모아 엄마에게 달려갔지요.

마술사처럼 헌 종이를 새 종이로 감쪽같이 만들어 볼까요?

준비물 : 날짜 지난 신문지 여러 장, 큰 그릇, 따뜻한 물, 주방용 세제,
거품기, 가는 철망, 밀방망이

1. 신문지 한 장을 아주 잘게 찢어 큰 그릇에 담아요.

2. 그릇에 따뜻한 물과 세제를 넣고 찢어 놓은 종이와 잘 섞어요. 색깔 있는 종이를 만들고 싶으면 식용색소나 천연염료를 넣어 주세요. 2시간 정도 담가 두면 종이가 부드러워져요.

3. 종이가 물에 불면 거품기로 섞어 죽이 되게 해요. 이 죽이 바로 종이의 원료 '펄프'예요. 이때 색색의 점박이 모양을 내고 싶다면 당근이나 파슬리를 가늘게 갈아 조금 넣어 주세요. 반짝이를 넣어 반짝이 종이를 만들 수도 있어요.

4. 그릇 속에 철망을 넣어 펄프가 철망 위로 얇게 잘 깔리게 한 후 들어 올려요. 철망을 조심조심 흔들어 물기를 빼주세요.

5. 바닥에 신문지를 깔고 오른쪽 면 위에 철망을 놓은 후 왼쪽 신문지로 철망을 덮어요. 신문지와 철망을 함께 잡고 뒤집어서 철망이 펄프 위로 오게 해요.

6. 밀방망이를 세게 굴려 신문지가 판판해지도록 밀면서 물기를 짜내요.

7. 신문지를 걷고 살며시 철망을 벗겨 보세요. 아직 완성된 게 아니에요. 다시 신문지를 덮고 한 번 더 밀방망이를 굴리지요.

8. 이제 펄프 위의 신문지를 걷어내고 다시 마른 신문지를 덮어요. 신문지 위에 비닐을 깔고 무거운 책들을 올려놓아요.

9. 그렇게 둔 채로 하루 정도 기다려야 해요.

10. 종이가 마르면 신문지를 살살 벗겨 주세요. 어때요, 새 종이가 보이나요?

내가 직접 만든 종이로 예쁜 편지지를 만들었어요. 세상에 단 하나뿐인 편지지! 받는 사람도 더 특별하게 생각할 거예요.

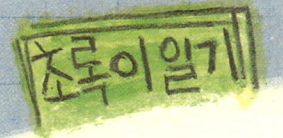

날짜 : 4월 22일 (지구의 날)
제목 : 넘치는 쓰레기! 윽-

한 사람이 일 년 동안 버리는 종이는 A4 크기로 따지면 약 235,200장이라고 한다. 플라스틱류는 45kg, 음료수 캔은 90개, 병은 107개라고 한다. 우리나라에 사는 사람이 약 5,000만 명이니 이런 쓰레기 더미가 5,000만 개? 우와—이 많은 쓰레기가 모두 어디로 갈까?

내 방 쓰레기통 ➡ 쓰레기 적환장 ➡ 재활용 처리시설 ➡ 소각장 ➡ 쓰레기 매립장!

*적환장은 매립장 가기 전에 임시로 쓰레기를 모아 두는 곳이에요.

대부분의 쓰레기가 땅에 묻힌다. 그래서 쓰레기를 버리기 전에 분리수거를 꼭 해야 한다.
만약 전지, 살충제, 페인트처럼 화학 성분이 든 것을 그대로 버리면, 땅이 오염되고 물이 오염될 것이다. 그리고 결국 우리의 건강까지 위협해질 것이다. 난 분리수거를 재활용하기 위해서만 하는 줄 알았는데, 앞으로 더 꼼꼼히 분리수거를 해야겠다.

전지는 꼭 전지 수거함에!!

전지 수거함

내가 찾은 환경 뉴스

뜯는 순간부터 쓰레기가 되는 포장, 여러 겹의 포장이 꼭 필요한 걸까?

♣ 내가 제일 좋아하고 또 제일 잘 먹는 과자는?

과자이름: 바삭쿠스

제조회사이름: 맛나

♣ 포장이 몇 겹으로 되어있는지 알아보고, 포장지의 종류를 적어보자.

1겹: 낱개 비닐 포장   2겹: 플라스틱 접시   3겹: 전체 비닐 포장

♣ 내가 먹은 과자의 포장지가 매립장에 묻혀 완전히 사라지려면 몇 년이 걸릴까?

플라스틱 접시   100년

비닐   500년   총 500년

• 포장지가 썩어 사라지는 데 걸리는 시간

종이 20년, 플라스틱 100년, 비닐 500년,

알루미늄 500년, 스티로폼 500년

아름다운 행동, 아나바다

3장

버리기에는 아깝고, 그러나 내게는 소용이 없어서 구석에 넣어둔 물건들이 있나요? 있다면 그 물건들을 모두 꺼내 오세요. 친구들과 서로 바꿔 쓰고, 나눠 쓸 수 있는 꼬마장터를 차리는 거예요!

너무 작은 물건이라구요? 그래도 누군가에겐 꼭 필요할지도 몰라요. 어떤 물건이든 버리기 전에 잠깐만 생각해요. 쓰레기가 되기 전에 그 물건에 다시 한 번 생명을 주세요.

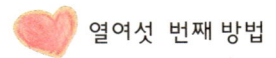 열여섯 번째 방법

버리기 전에 30초만 더 생각해요

"딱 30초만 더 생각해 보자."

엄마는 늘 이렇게 말씀하세요. 그리곤 "우리 동아는 다 좋은데 싫증을 잘 내. 그 버릇만 고치면 참 좋을 텐데."라고 하시지요.

올해부터는 엄마한테 이런 얘길 안 들어야겠어요. 그러려면 먼저 유행이 지났다고, 옷이 작아졌다고, 조금 고장 났다고 버리는 습관부터 고쳐야겠어요. 이제 버리기 전에 딱 30초만 더 생각할 거예요. 쓰레기통으로 보낼까? 아나바다 할까? 하고 말이에요.

아나바다가 뭐냐구요?

아껴 쓰고, 나눠 쓰고, 바꿔 쓰고, 다시 쓰자는 뜻이에요.

다 쓴 볼펜이나 색연필은 어떻게 하지?

키 작은 몽당연필을 꽂아 키 큰 연필로 만들어 줘.

낡은 티셔츠는? 이건 버려도 되지 않을까?

 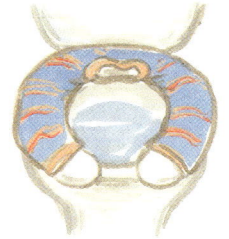

엄마한테 변기 커버를 만들어 달라고 해. 양쪽 소매를 뜯으면 쉽게 만들 수 있어.

내가 입던 어린이집 원복은 정말 필요 없는데…….

옆집에 사는 동생 희진이한테 주면 되잖아.

크레파스가 세 통이나 되네?

소연이 연필세트랑 바꿔 봐.

와! 30초 더 생각했더니 쓰레기통으로 갈 물건들이 확 줄었어요.

3장 • 아름다운 행동, 아나바다!

♥ 열일곱 번째 방법

잃어버린 물건을 찾아 주는 바구니를 만들어요

나랑 가장 친한 수연이가 울면서 교실에 들어왔어요.
복도에서 하트 모양의 알이 있는 반지를 잃어버렸대요.
"나도 지난번에 머리핀을 잃어버렸는데……."
"나는 모자를 잃어버렸어."
개구리 도장, 장갑, 머리 색깔이 변하는 인형, 우산…… 우리는 잃어버린 물건을 말하면서 마음이 아팠어요.
선생님은 우리에게 물으셨어요.
"물건을 잃어버리면 어때요?"
"마음이 아파요."
"엄마한테 혼나요."
"또 사야 해요."

내 물건도 찾아 줘.

다음날 아침, 선생님은 우리 반 사물함 위에 빨간 바구니를 놓으셨어요. '주인을 찾아 주세요'라는 예쁜 글씨가 써 있었어요. 어, 바구니 안에 수연이의 핑크 알 반지가 들어있네? 내 개구리 도장도 있어요!

빨간 바구니 덕분에 수연이랑 나는 행복해졌어요.

내가 다니는 도서관과 공부방에도 주인 찾아 주는 바구니를 만들자고 해야겠어요. 아니, 아니, 내가 만들어야지. 그리고 앞으론 내 물건에는 모두 내 이름을 적어둘 거예요. 그래야 혹 잃어버리더라도 찾기 쉬울 테니까요.

이름 써진 물건은 찾기가 쉽겠다.

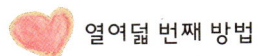 열여덟 번째 방법

석유로 만든 제품을 아껴 써요

"크레파스는 뭘로 만들어요?"

손에 쥐고 있는 크레파스를 보니 갑자기 궁금해졌어요.

"공룡!"

선생님은 공룡 인형을 보여주며 말씀하셨지요.

"정말요?"

"에이, 거짓말!"

친구들은 못 믿겠나 봐요. 그렇게 큰 공룡이 조그만 크레파스가 된다니……

모두 고개를 갸우뚱했어요.

"먼 옛날에 공룡 같은 동물들이 죽고, 그 위에 흙이 쌓였어요. 오랜 시간이 지나면서 그 동물들의 기름이 땅에 스며들어 석유가 되었지요.

오랫동안 땅속에 묻힌 동물들의 기름이

땅에 스며들어 석유가 되었어요.

우리는 석유로 여러 물건들을 만들어요. 크레파스, 물감, 물통은 물론이고 필통, 자, 옷, 자동차까지 모두 석유로 만든 거예요. 그런데 석유는 양이 정해져 있어서 이대로 계속 쓰면 50년 후엔 지구에 석유가 더 이상 없을 거래요. 그때는 어떻게 하지요?"

"석유로 만든 물건들을 다시 석유가 되게 해요."

세훈이가 씩씩하게 말했어요.

선생님은 고개를 저었어요.

"한 번 물건이 된 것들은 다시 석유로 되돌릴 수 없어요."

"그럼 어떻게 해요?"

선생님은 아주 쉬운 방법을 알려 주셨어요.

"지금 쓰고 있는 물건들을 아껴 쓰면 돼요. 싫증난다고 버리지 말고요."

크레파스, 색연필, 물감, 필통 등 내 학용품의 대부분이 석유로 만든 것이에요. 앞으론 이 물건들을 함부로 버리지 말고 아껴 써야겠어요.

한정된 석유를 아끼려면

석유로 만든 물건들을 아껴 써요.

 열아홉 번째 방법

종이는 양면을 다 써요

"이거, 연습장으로 쓸래?"

엄마가 스프링 달린 두꺼운 공책을 주셨어요. 우와~ 나는 얼른 받았는데 그만 실망이에요. 한쪽을 다 쓴 A4 용지를 모은 거잖아요.

"치, 이게 뭐야. 다 쓴 거잖아."

"다 썼긴, 뒤는 하나도 안 쓴 거야. 엄마 어렸을 때는 공책의 칸이 채워지는 게 너무 아까워서 쓴 데를 지우고 또 쓰고 다시 썼다고."

"에이 또 옛날 얘기……."

하지만 엄마 말씀이 맞아요. 옛날엔 정말 종이가 귀했대요. 지금은 너무 흔한데……. 조금만 둘러봐도 종이는 쉽게 눈에 띄잖아요.

"엄마, 그럼 나무를 많이 심으면 되잖아요."

"물론 나무는 많이 심어야 해. 하지만 한 그루의 나무가 자라려면 수십 년의 시간이 필요하단다. 그러니 종이를 아껴써야 하는 거야."

우리나라에서 일 년 동안 사용되는 사무용지를 만들려면 3억 5천 그루의 나무가 필요하고, 한 사람이 일 년 동안 쓴 종이를 차곡차곡 쌓으면 2층 집 높이만큼 올라간대요. 한 번 생각해 보세요. 이 많은 종이가 원래는 모두 나무였다는 것을! 우리 함께 이렇게 해요.

아까운 나무······

♣ 집 안의 모든 종이를 모아 보세요. 한 면만 쓰고 버리겠다고 내놓은 종이는 없나요?

♣ 프린터기나 책상 옆에 한 면만 쓴 종이를 모아두는 함을 만들어요.

♣ 출력이나 복사를 할 땐 꼭 필요한 일인지, 3초만 더 생각해 봐요.

♣ 헌 서류봉투도 버리지 말고 시험지나 편지 따위를 모아두는 데 다시 사용해요.

♣ 다시 쓸 면을 챙겨서 메모지 크기로 오려 전화기 옆이나 책상 위에 두세요.

 스무 번째 방법

휴지 대신 '쪽수건'을 챙겨요!

"쪽수건은 챙겼니?"

쪽수건? 쪽수건이 뭘까요?

어느 날 엄마가 낡아서 못 입는 면치마를 꺼내셨어요. 자잘한 꽃무늬가 있는 면치마를 공책만 한 크기로 10장도 넘게 잘랐지요.

"보들보들한 엄마표 쪽수건이야. 휴지 대신 이걸 가지고 다니면서 쓰렴."

그날부터 난 쪽수건을 가지고 다녀요. 얼굴과 손을 닦는 쪽수건, 코 풀고 더러운 것 닦아내는 쪽수건, 이렇게 2장을 들고 다니지요.

휴지를 하루에 딱 2장만 쓴다 해도 일 년이면 7백 장이 넘어요. 과연 우리는 하루에 몇 장의 휴지를 쓸까요?

나는 아침에 화장실에서 똥 누면서 9칸, 아침 먹고 입 닦는데 2칸, 흘린 물 닦는데 10칸, 오줌 누고 4칸, 아이스크림 녹아 흘린 것 닦느라 10칸, 손 닦고 휴지 4칸······.

1칸은 11.5센티미터니까, 헉, 일주일도 안 돼서 내가 50미터짜리 두루마리 화장지를 다 쓴 거예요!

그뿐인가요. 치킨을 시켜 먹을 때, 식당에서 밥을 먹을 때, 패스트 푸드점에서 주문을 할 때, 휴지를 마구 마구 쓰고 있잖아요.

또 화장지는 하얘서 깨끗해 보이지만, 사실은 표백제나 형광물질 같은 몸에 해로운 약품을 많이 써서 하얗게 만든 거래요.

친구들도 휴지 대신 쪽수건을 써 보세요. 환경도 지키고 건강에도 좋아요. 엄마한테 화장을 지우는 티슈를 가재수건으로 바꾸자고 하세요. 식탁에 물을 흘렸을 때, 창문을 닦을 때, 신발을 닦을 때도 휴지 대신 수건이나 걸레를 쓰고요.

깔끔하게 쪽수건을 쓰지 그래?

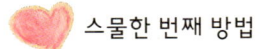 스물한 번째 방법
선물 포장지도 다시 써요

"우와~ 짱 멋있다!"

너무 좋아서 마구 자랑하고 싶어요. 엄마가 초콜릿 통에 예쁘게 담아 준 내 생일 선물이 뭔지 아세요? 세상에 단 하나뿐인 잠옷이에요. 아빠의 와이셔츠로 만들었지요. 두 팔과 깃을 떼어내고 가슴에는 내가 아기일 때 입던 옷에서 오려낸 토끼가 붙여졌어요. 세상에 딱 하나뿐인 내 잠옷! 가게에서 파는 화려하고 비싼 잠옷보다 좋아요.

엄마는 풍경화가 그려진 초대장에 내 사진을 오려 붙이고, 영화 포스터에서 오린 글자로 '사랑해'라고 쓴 카드도 만들어 주셨어요.

작아진 청바지로 가방을 만들어요.

"엄마, 나도 사랑해요."

얼마 전 텔레비전에 '환경수비대장' 아저씨가 나와서 "생각을 조금만 바꾸면 주변의 모든 것들이 새로운 선물로 바뀐답니다."라고 했었는데, 꼭 우리 엄마 이야기 같아요.

나도 다음 토요일 수현이 생일에 선물을 직접 만들어 줄 거예요!

크리스마스에 받은 빨간 카드 속지를 떼어내고, 핑킹가위로 모양내 자른 색종이를 붙여 생일 카드도 만들 거예요.

선물 상자도 다시 쓰고요. 포장지 위에 '베어지는 나무를 줄이기 위해 포장지를 돌려 씁시다.'라고 메모를 해 두면 창피하지 않을 거예요. 오히려 환경을 지키는 선물을 한 게 자랑스럽지 않을까요?

유행 지난 꽃무늬 치마로 목도리를 만들어요.

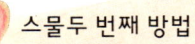

스물두 번째 방법

친구들과 같이 꼬마장터를 열어요

"엄마, 빨리 내 장바구니 주세요. 빨리요."

오늘은 바빠요, 바빠. 빨리 가게 문을 열어야 하거든요. 무슨 가게냐구요?

한 달 동안 생각하고 생각해서 내가 쓰지는 않지만 그냥 버리기엔 아까운 물건들은 우리 동네 어린이도서관에 가져가야 해요. 오늘은 셋째 주 토요일이라 친구들하고 꼬마장터를 열거든요. 꼬마장터엔 나 말고도 가게를 연 친구들이 많았어요.

선호 오빠는 레고 장난감을, 나래는 새 것 같은 지갑과 실내화를, 지수는 참고서와 문제집을 들고 나왔어요. 여원이, 주원이는 장난감과 인형을 잔뜩, 동환이는 유희왕 카드를 가지고 왔지요. 나는요? 작아서 못 입게 된 옷들을 펼쳐 놓았어요.

꼬마장터를 벼룩시장이라고도 해요. 외국에선 '거라지세일(**Garage Sale**)'이라고 한대요.

새것 같은 장난감 싸게 팔아요.

자기 집에서는 쓰지 않지만 다른 사람들에게는 쓸모 있을 것 같은 물건들을 내놓고 거저 주거나 아주 싸게 판답니다. 파는 사람이나 사는 사람이나 남이 쓰던 거라고 해서 이상하게 생각하지 않아요.

한 번 산 것을 오래 쓰고 이젠 내게 필요 없는 물건을 이웃과 기꺼이 나눠 쓰고 바꿔 쓰는 것, 그것이 바로 아껴 쓰고 나눠 쓰고 바꿔 쓰고 다시 쓰는 '아나바다' 운동이지요. 잘 찾아보세요. 혹시 우리 집에도, 나에게는 필요 없지만 다른 사람에게는 보물이 될 수 있는 물건이 분명 있을 거예요.

와! 크레파스 필요했는데!

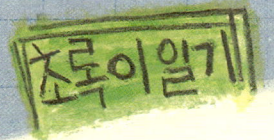

날짜 : 6월 5일 (환경의 날)
제목 : 아껴 쓰고 나눠 쓰고 바꿔 써요!

오늘 학교에서 '선배 은행' 시장이 열렸다.
선배 은행은 '은행'이지만 돈을 저축하는 곳이 아니다. 선배들이 학교를 졸업하거나 학년이 바뀌면서 안 쓰게 된 교과서, 참고서, 줄넘기, 멜로디언 같은 악기, 책가방, 교복 등을 저축하는 곳이다.
선배 은행에 모인 물건들은 한 달에 한 번씩 강당에 모아 놓고 판다.
이곳에선 물건을 살 땐 구슬로 산다. 구슬은 강당 입구에서 100원에 한 개씩 바꿔준다.
난 오늘 구슬 두 개로 보라색 리코더와 동화책을 사왔다.
엄마는 아직 쓸 수 있는 물건들을 동생들을 위해 준 언니 오빠들이 참 착하다고 했다.
나도 다음 달엔 작아져서 못 입는 내 체육복과 실내화를 저축할 것이다.
자원도 절약하고 쓰레기도 만들지 않으니 지구도 분명 좋아하겠지?

내가 찾은 환경 정보!

기억해야 할 'R'

앞으로는 무엇이든 버리기 전에 생각해 보자!
'다시' 쓸 수 없을까? 하고.
플라스틱, 금속, 유리, 종이 쓰레기는 잘 모아서 버리면 물건의 원료로 다시 쓸 수 있다. 대만, 덴마크, 멕시코, 태국에서는 종이의 80% 이상이 헌 종이나 버려진 종이로 다시 만든 것이라고 한다.
영어 단어가 조금 어렵지만 'R'은 꼭 기억해야지!

Recovering
회수
* 회수는 다시 쓰려고 거두어 들이는 것

Recycling
재활용

Reusing
재사용

Repairing
수선
* 수선은 낡거나 헌 물건을 고치는 것

에너지를 아껴 써요

4장

에너지는 세상에 있는 모든 것을 움직이게 하는 힘이에요.
음식을 데우고, 자동차를 움직이고, 텔레비전도 켜고……,
모두 에너지가 필요한 일입니다.
그런데 현재 우리가 쓰는 에너지의 대부분은 한 번 쓰면
오염물질을 내뿜고 바로 사라져 버려요. 게다가 석탄과 석유
등의 에너지는 그 양이 한정돼 있어서 더 쓰고 싶어도 쓰기가
쉽지 않아요. 이제 태양과 바람처럼 자연에서 찾을 수 있고,
자연을 괴롭히지 않는 새로운 에너지를 찾아야 해요.

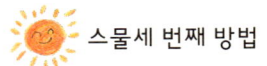

스물세 번째 방법

오래 쓰는 형광등을 써요

엄마랑 조명가게에 갔어요. 내 방 전등과 책상에 놓을 스탠드를 사러요.

"난 이게 좋아요!"

화려한 궁전이 떠오르는 샹들리에를 내 방 천장에 달면 공주님 방 같을 거예요. 엄마는 "정말 멋지네." 하곤 하나도 예쁘지 않은 길쭉한 형광등을 골랐어요.

"엄마, 이 스탠드는 어때요?"

꽃봉오리 모양으로 고개 숙인 스탠드에서는 주황색 불빛이 나왔어요.

"그건 책상에 두고 쓰는 스탠드가 아니지."

엄마는 또 길쭉한 몸통을 가진 형광등 스탠드를 골랐어요.

"치, 내 방에 쓸 걸 고르는데, 다 엄마 맘이잖아."

나는 짜증이 났어요. 눈물도 막 나오구요. 엄마는 진열된 조명등을 하나하나 가리키면서 말했어요.

"저기 주황색 빛을 가늘게 내는 등은 할로겐이야. 빛이 예뻐서 전시관이나 가게를 꾸밀 때 많이 쓰여. 그런데 빛보다는 열을 많이 내서 그만큼 전기 요금을 많이 내야 해. 하얀 빛을 내는 저 백열등은 값은 싸지만 수명이 짧아. 엄마가 고른 형광등은 백열등보다 8년 정도 더 오래 쓸 수

있대. 게다가 같은 밝기에도 형광등이 백열등보다 전기를 70%나 적게 써서 전기요금도 3배나 적게 들고. 너라면 어떤 전구를 사겠니?"

"……형광등이요."

♣ 전구를 밝게 쓰려면 가끔씩 전구에 묻은 먼지를 닦아주세요. 이때 전기 스위치는 꺼야겠지요.

♣ 조명기구를 살 땐, '에너지 소비효율 등급'이 높은 것으로 고르기!

♣ 천장에 달린 등도 켜놓고, 스탠드도 켜놓고, 안 돼요, 안 돼! 불필요한 등은 꺼주세요.

♣ 형광등도 굵기가 가늘수록 수명이 더 길고, 수은 쓰레기도 적게 내지요. 오래 써서 전기료도 아끼고 환경도 지키는 형광등을 잊지 말아요.

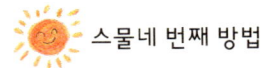 스물네 번째 방법
냉장고 문을 자주 열지 않아요

심심하고 뭐도 먹고 싶고 해서 냉장고 문을 열고 한참 둘러봤어요.

"치, 먹을 게 없어."

아까부터 "사과 깎아줄까? 요구르트 줄까? 빵 줄까?" 하시던 엄마가 이제는 화가 나셨지요.

"도대체 냉장고 문을 몇 번이나 열고 그래. 엄마가 본 것만 해도 벌써 열 두 번이 넘어."

"먹고 싶은 게 없으니까 그러지."

나는 공연히 화가 나서 다시 냉장고 문을 열었다가 쾅 닫았어요.

"냉장고 문 한 번 열 때마다 에너지가 얼마나 소비되는 줄 아니? 환경을 지키는 아이라면 그 정도는 알아야지."

'아차……'

'환경을 지키는 아이'라는 말을 들으니 금세 내 행동이 부끄러워졌어요. 냉장고 문을 자주 열었다 닫았다 하는 일이 환경을 해친다는 걸 깜빡했지 뭐예요.

냉장고 문을 열 때마다 안에 있던 찬 공기는 밖으로 나오고 밖의 더운 공기가 안으로 들어가요. 그러면 냉장고 안이 더워지니까 다시 차갑게 하려고 더 많은 전기가 사용되지요. 안 써도 될 에너지와 전기료를 낭비하는 거예요. 한 달 전기료가 10,000원이라면 약 2,500원 정도가 냉장고 사용료래요.

　앞으로 냉장고 문을 열기 전에 냉장고에서 꺼내고 싶은 게 무엇인지 미리 생각해야겠어요. 그리고 냉장고 안에 음식을 넣을 땐 냉장고 안을 가득 채우지 않아요. 그래야 찬 공기가 냉장고 안을 활발하게 돌아다닐 수 있대요. 뜨거운 음식은 꼭 식혀서 넣고요. 엄마한테 얘기해 줘야지!

♣ 냉장고의 온도는 계절이 바뀔 때마다 바꿔줘요. 겨울엔 여름보다 4℃ 낮춘 1~2℃ 정도가 적당하대요.

♣ 냉장고 안에 보관하는 식품의 양은 냉장고 용량의 60%를 넘지 않도록 해요.

너, 정말…

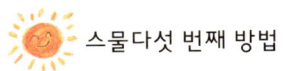 스물다섯 번째 방법

텔레비전을 꺼요

일요일, 아빠가 소파에 누워 스포츠 경기를 보고 계세요.

"아빠 때문에 만화도 못보고……."

내가 계속 툴툴대자 하는 수 없이 아빠가 비켜나셨어요. 난 아빠처럼 소파에 누워 만화를 봤지요. 일요일엔 하루 종일 텔레비전이 쉴 틈이 없어요.

저녁밥을 먹고 나선 아빠랑 개그 프로그램을 봤어요. 그런데 엄마가 갑자기 텔레비전 화면을 막고 우리 앞에 섰어요.

"마루에서 텔레비전을 치웁시다!"

엄마는 벽에 붙은 텔레비전만 멍하게 보고 있는 우리 모습을 보면 슬프대요. 우리가 텔레비전에서 눈을 떼면 더 즐거운 시간을 보낼 수 있을 거래요.

"함께 이야기를 나눌 수도 있고, 책을 읽거나 바둑을 둘 수도 있고, 자전거를 타거나 운동하러 공원에 갈 수도 있어."

엄마 말에 우리는 마루에서 텔레비전을 없애고 책꽂이를 놓기로 했어요.

"그런데요, 꼭 보고 싶은 거 하나만 보면 안 돼요?"

텔레비전은 안방으로 옮기고 꼭 보고 싶은 방송은 미리 정해서 보기로 했어요.

텔레비전을 안 볼 때는 반드시 꺼둬요. 텔레비전을 끄면 에너지도 아낄 수 있어요. 우리나라의 1천만 가구가 하루에 2시간씩만 텔레비전 시청 시간을 줄이면 일 년 동안 436억 원의 전력을 아낄 수 있대요.

또, 텔레비전에서는 수많은 광고를 해요. 먹고 싶고, 사고 싶게 만드는 광고를 자주 보지 않는다면 쓸데없는 소비도 줄일 수 있지요. 아, 자기 전에 텔레비전 플러그는 꼭 뽑아둬요. 텔레비전의 플러그를 뽑지 않고 밤새 그냥 두면 텔레비전 전력의 4분의 1이 그대로 버려진대요.

4장 • 에너지를 아껴 써요

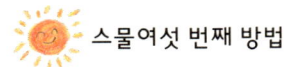 스물여섯 번째 방법

'내' 안에 있는 '복'을 입어요

사촌 언니인 혜림언니가 우리 집에 왔어요. 언니는 영국에서 환경에 대한 공부를 하고 있는데 겨울방학이라 놀러 나왔지요. 그런데 언니는 우리 집이 겨울인데도 너무 더워서 이상하대요.

"영국 사람들은 겨울에 집안 온도를 높이는 대신 늘 긴소매 셔츠와 덧옷을 입어."

"집에서 옷을 많이 입고 있으면 불편하잖아."

"보일러를 오래 틀려면 석유를 많이 써야 하는데 그건 괜찮고? 조금 불편한 것 정도는 참아야 하지 않을까? 우리나라에 있는 모든 집과 사무실에서 난방 온도를 1℃씩만 낮춰도 한 해에 4,600억 원을 절약할 수 있대."

"그렇게나 많이? 보일러 온도를 낮춰야겠다! 그치, 엄마?"

♣ 겨울철에 방 안 온도는 18℃~20℃가 적당해요
♣ 여름철에 방 안 온도는 26℃~28℃가 적당해요

엄마는 얼굴이 빨개지셨어요. 추위를 많이 타는 엄마가 늘 난방 온도를 올리셨거든요.

언니가 가고 난 뒤 엄마랑 나는 추위를 이겨낼 수 있는 방법들을 찾아봤어요. 우선 내복을 입기로 했어요. '내복'은 '내 안에 있는 복'이래요. 카디건 같은 덧옷을 입는 것도 좋겠지요.

집 안에 바람이 드나드는 부분도 찾아봐요. 바람이 잘 들어오는 창문 사이, 현관문과 바닥 사이에 문풍지 테이프나 출입문 틈막이, 비닐 등으로 바람을 막아요. 추운 밤에는 창문에 커튼을 내려서 집 안의 따뜻한 기운이 나가지 않게 하고요.

와! 온도를 낮췄는데도 집 안이 금세 따뜻해졌어요!

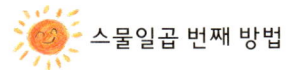 스물일곱 번째 방법

입던 옷은 옷걸이에 걸어 두어요

"한 번밖에 안 입은 옷이 이렇게 더러워지다니……, 벗자마자 옷걸이에 걸어 두면 빨지 않아도 되는데."

내 방 여기저기에 벗어 놓은 옷을 들고 나가면서 엄마가 한 말씀 하셨어요. 오늘 내 방에서 나온 빨랫감만 한 바구니예요. 나는 창피했어요. 엄마께도 미안했어요. 한두 번만 입어 깨끗한 옷은 빨지 않기로 엄마랑 약속했거든요.

입던 옷은 바람 드는 곳에 잘 걸어 두기만 해도 몇 번 더 입을 수 있어요. 그런데 내가 방바닥에 아무렇게나 옷을 벗어 둬서 먼지가 많이 묻었지 뭐예요.

친구들은 나처럼 옷을 아무 데나 벗어 두지 않겠지요? 나도 이제부턴 옷걸이에 옷을 반듯하게 걸어 두는 연습을 할 거예요. 그러면 방도 깨끗해져요. 엄마가 세탁기 돌리는 횟수도 줄일 수 있어요.

또, 세탁물을 모아서 한꺼번에 하면 매년 50억 원의 전기를 절약할 수 있답니다.

옷도 자주 빨면 금세 해져요.

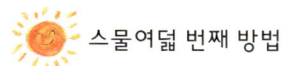 스물여덟 번째 방법

에너지 잔소리꾼이 돼요

에너지를 절약하려면 우리 생활 습관이 바뀌어야 한대요. 그래서 난 우리 집 에너지 잔소리꾼이 되기로 했어요.

"엄마!"

깜박쟁이 우리 엄마, 또 부엌 가스레인지 밸브를 켜두고 나오셨어요. 내가 달려가 잠가야 해요. 또또또, 덜렁대는 우리 아빠, 화장실 불을 켜둔 채 나오셨어요. 또 내가 뛰어갔지요.

삼촌은 핸드폰 충전이 다 됐는데도 그냥 놔두지 뭐예요. 이번에도 내가 플러그를 뽑았지요.

전원이 꺼져 있어도 플러그에 전자제품을 꽂아 놓으면 에너지가 쓰여요.

엄만 저더러 고마운 잔소리꾼이래요. 내 덕분에 에너지가 새는 것을 막을 수 있다고요. 친구들도 나처럼 집 안의 새는 에너지를 찾아봐요. 혹시 낮에도 불을 켜 두지는 않나요? 낮에는 자연 조명 잘 알죠? 햇빛 말이에요.

10분 이상 사용하지 않는 전기제품의 전원을 꺼 두면 일 년에 25,600원을 아낄 수 있대요. 우리나라 전체로 계산하면 헉, 512억 원이래요. 어때요. 에너지 잔소리꾼 꼭 필요하겠지요?

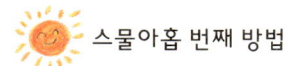
스물아홉 번째 방법

환경을 지키는 자전거를 타요

오늘은 특별한 날이에요. 벼룩시장에서 자전거를 샀거든요.

"자, 이제 너의 자가용이 생겼구나."

우리 아빠 말씀 들었지요? 그래요. 내 자가용, 바로 자전거가 생겼어요.

자전거는 환경을 지키는 교통수단이에요. 자동차 매연에 오염되지 않는 깨끗한 도시를 꿈꾸는 네덜란드는 국민 한 사람 당 자전거를 한 대씩 갖고 있대요. 그곳에서는 직위가 높은 장관님이나 시장님도 자전거를 타고 다니는 게 무척이나 자연스럽대요.

자동차 한 대를 주차하는 공간에 자전거는 20대나 세울 수 있고, 자동차 한 대가 지나가는 길은 자전거 30대가 지나갈 수 있어요. 자전거는 땅이 좁은 우리나라에서 가장 효율적인 교통수단이 될 거예요.

그뿐인가요? 자전거를 타면 건강해져요. 페달을 돌릴수록 다리가 튼튼해지고, 핸들 조작은 우리 몸에 피를 잘 돌게 해 준대요.

환경과 건강을 지키는 자전거 운전자라면 꼭 알아두세요.

♣ 내 몸에 맞는 자전거! 양다리가 땅에 닿을 정도의 높이가 적당합니다. 또 핸들을 잡았을 때 몸이 약간 앞으로 구부러지는 것이 좋습니다.

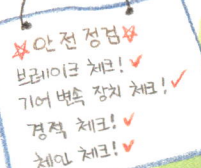

♣ 타기 전엔 꼭 안전 점검! 브레이크와 기어 변속 장치가 제대로 작동하는지, 경적이 잘 울리는지, 체인이 처지지 않았는지 살펴요.

♣ 안전을 위해 헬멧을 꼭 씁니다.

♣ 자전거전용도로를 이용합니다. 만약 자전거 도로가 따로 없을 땐, 인도로 다니세요.

♣ 자전거도 교통신호를 지켜야 해요. 자전거는 도로 교통법상 차로 분류돼 있어요. 그래서 교통법규를 위반하면 벌금을 내게 되지요.

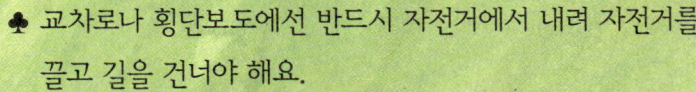

♣ 교차로나 횡단보도에선 반드시 자전거에서 내려 자전거를 끌고 길을 건너야 해요.

♣ 두 손을 모두 놓은 채 자전거를 탄다든지, 비가 온다고 우산을 들고 한 손으로 자전거를 타는 것은 위험해요.

♣ 공사하는 곳을 지날 때에는 일단 정지해서 앞뒤의 안전을 확인해요. 또 자동차 뒤를 바짝 따라가지 않아요.

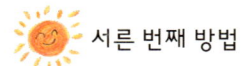 서른 번째 방법

차 없는 날을 만들어요

"아빠, 잔디밭이 엄청 넓어요."

차창 밖으로 보이는 초록 풍경을 보고 내가 감동했지요.

"잔디밭?"

갑자기 엄마랑 아빠가 크게 웃었어요.

"저기는 잔디밭이 아니라 논이야. 벼농사를 짓는 곳."

"벼가 뭔데요?"

"우리가 먹는 쌀이지."

나는 창피하긴 했지만, 쌀 열매가 어떻게 생겼는지 알게 됐어요. 기차 여행을 한 덕분이에요. 예전에는 가족 여행을 갈 때 아빠 차로 갔어요. 아빠는 운전하느라 피곤해 하셨어요. 엄마는 운전석 옆에 앉아 아빠가 졸지 않도록 말을 걸어야 했고, 나는 늘 뒷좌석에 혼자 앉아 있어서 무척 심심했어요.

나는 기차여행이 더 좋아요. 기차에서는 우리 식구가 다 같이 얘길 나눌 수 있거든요. 바깥 풍경도 보고, 식당 칸에서 먹는 밥도 정말 맛있어요.

자동차 때문에 생활은 편해졌지만, 자동차로 인한 피해와 불편도 많이 생겨났어요. 출퇴근 시간에 도로가 꽉 막히고 길에선 항상 차조심을 해야 해요. 또 매연으로 공기가 오염되고 사람들의 건강이 나빠졌어요.

자동차 사용을 줄이면 대기 오염도 줄고 또 지구의 자원인 석유를 절약할 수 있어요.

아빠가 되도록 자동차를 쓰지 않는 건 내가 어른이 됐을 때 깨끗한 공기를 마실 수 있길 바라기 때문이래요. 헤헷, 아빠 고맙습니다!

자동차보다 기차여행이 더 좋아요!

서른한 번째 방법

에너지 지도를 그려봐요

"에너지!"

우리 엄마 아빠는 나를 그렇게 불러요. 내 힘이 넘쳐난다고 붙여 준 별명이에요. 에너지는 사람은 물론 세상에 있는 모든 것들을 움직이게 하는 힘이래요. 사과가 쿵 떨어지고, 식물의 키가 자라고, 음식을 데우고, 자동차가 움직이고, 텔레비전이 켜지고……, 모두 에너지가 필요한 일이에요. 이런 많은 일을 해 내는 에너지는 어떤 모습일까요?

궁금해진 나는 엄마랑 에너지 연대표를 그려봤어요.

1. 먼 옛날, 사람들은 '불'이 필요했어요.

3. 사람들은 점점 늘어났고 결국 사람들이 거쳐 가는 곳마다 울창한 나무숲들이 사라져 갔대요.

2. 불을 피우려면 나무가 필요했어요.

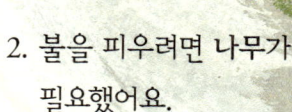

"석탄은 식물들이 땅속에 아주 아주 오랜 시간 묻혀 있다가 암석이 된 거예요."

4. 200년 전부터 사람들은 석탄을 썼어요.

5. 100년 전부터 사람들은 석유를 썼어요.

"석탄과 석유를 계속 쓰다보면 어느 날 바닥이 날 거예요. 이제 얼마 남지 않았지요."

7. 지금 우리는 새로운 에너지를 찾고 있어요.

6. 20세기에는 **핵발전소**를 마구 지었어요. 핵발전소는 '죽음의 재'라 불리는 아주 위험한 물질 '방사능'을 가지고 있어요.

태양과 바람처럼 자연에서 찾을 수 있고, 자연을 괴롭히지 않고, 다시 자연으로 돌아가는 에너지가 또 뭐가 있을까?

날짜 : 8월 22일 (에너지의 날)
제목 : 에너지를 아껴요!

오늘은 에너지의 날이다.
에너지의 날을 맞아 낮 2시엔 1시간 동안 에어컨 끄기, 밤 9시엔 5분 동안 전등 끄기를 했다. 우리나라는 에너지의 대부분을 외국에서 수입해 쓴다. 그래서 많은 돈이 외국으로 나간다고 한다. 엄마가 준 환경책에 이런 게 나와 있었다.

♣ 겨울철 내복 입고 난방온도 1℃ 낮추면 일 년에 31,000원 절약.
♣ 백열등을 형광등으로 교체하면 일 년에 6,000원 절약.
♣ 10분 이상 컴퓨터를 쓰지 않을 때 컴퓨터를 끄면 일 년에 25,600원 절약.
♣ 텔레비전 하루 한 시간씩 덜 보면 일 년에 2,400원 절약.
♣ 양치 컵을 사용하면 일 년에 45,000원 절약.
♣ 설거지 물 받아 사용하면 일 년에 15,100원 절약.
♣ 자가용 대신 자전거로 다니면 일 년에 170만원 절약.

♣ 버스와 지하철 타는 것만으로도 일 년에 100만원 절약.

에너지만 아껴 써도 이렇게 많은 돈을 절약할 수 있다니!!

오늘 하루만이 아니라 앞으로도 계속 에너지를 아껴야겠다!

내가 찾은 환경 뉴스

5일 만에 4,000명을 죽게 한 런던스모그

1952년 12월 3일, 영국의 수도 런던. 밖에는 낮은 구름이 어둡게 깔렸다. 안개(fog)와 공장 굴뚝에서 나오는 시커먼 연기(smoke)가 합해진 스모그(smog)였다. 스모그는 공기가 오염되면서 나타나는 대표적인 현상이다.

스모그 때문에 낮에도 거리는 한밤중처럼 캄캄했고, 사람들은 숨쉬기도 힘들었고 머리도 아팠다. 구토를 하기도 했다. 스모그가 런던 시내를 덮고 있는 5일 동안 무려 4,000명의 사람들이 죽었다고 한다. 단 5일 만에 말이다!

5장 녹색 소비자가 되어요

에코 밥상, 녹색가게, 유기농산물, 초록마을……
이렇게 환경을 생각하는 좋은 제품들을 살 수 있는 곳이
생긴 건 참 다행이에요. 하지만 아직도 환경을 생각하지 않는
상품들이 많아요. 백 년이 지나도 썩지 않는 플라스틱 포장팩에
든 우유, 두 겹 세 겹 비닐과 스티로폼으로 포장된 과자,
화학첨가물이 들어간 가공식품, 야생동물을 학대해 만든 옷,
이런 상품을 만드는 회사에 분명하게 말해요.
우리의 건강, 지구의 건강을 생각해 달라구요!

서른두 번째 방법

건강과 환경을 지키는 상품을 사요

"너, 뭐하는 거야?"

아까부터 수연이가 과자를 들고 포장지만 뚫어지게 보고 있어요.

"우리 엄마처럼 해봤어."

수연이는 씨익― 웃으면서 말합니다.

"맞아. 우리 엄마도 그러는데."

나도 수연이처럼 포장지를 살펴봤어요. 포장지를 꼼꼼히 읽어 보면 어떤 제품이 우리의 건강과 환경을 지키는 '녹색 상품'인지 알 수 있지요.

이왕에 물건을 사야 한다면 '녹색 상품'을 사는 것이 좋아요. 녹색 상품을 쓰는 사람이 점점 더 늘어나야 회사들도 더 신경 써서 우리의 건강과 환경에 이로운 물건을 만들게 될 테니까요.

그럼, 어떤 것이 녹색 상품인지 알아볼까요?

포장지에 인쇄된 먹음직스러운 음식 사진만 보면 안 돼요. 뒷면에 적힌 재료명도 꼼꼼히 보세요. 트랜스지방, 아질산나트륨, 솔빈산칼륨, 아스파탐, L-글루타민산 등 건강을 해치는 식품첨가물이 있는 건 사지 않아요. 또 음식이 만들어진 날짜와 언제까지 사용할 수 있는지 알려 주는 '유통기한'도 꼭 보세요.

♣ 환경과 우리 몸에 해로운 제품인지 아닌지 꼼꼼히 살펴봐요. 오존층을 파괴하는 헤어스프레이, 환경호르몬을 일으키고 잘 썩지도 않는 플라스틱 장난감은 사지 않아요.

♣ 수리나 부품 교환이 쉬운 제품인지 살펴봐요. 오래 쓸 수 있으니 자원을 절약하고 쓰레기도 줄일 수 있으니까요.

♣ 환경마크, 재활용마크 표시를 찾아봐요. 환경마크는 물건을 만들고, 사용하는 과정에서 환경 오염을 가장 적게 한 제품을 나타내는 표시예요. 재활용마크는 재활용한 재료로 만든 제품이란 표시고요. 복사용지, 세제, 화장지, 컴퓨터 모니터, 프린터기 등에 주로 표시돼 있답니다.

♣ 녹색 상품을 사는 게 좋지만, 제일 좋은 건 물건을 사기 전에 나에게 정말 필요한 것인지 아닌지 잘 생각해 보는 거예요. 자원을 절약하고 내 용돈도 아낄 수 있으니까요!

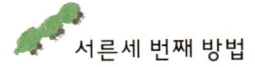 서른세 번째 방법

자장면 시킬 때 나무젓가락은 거절해요

"엄마, 오늘은 자장면 먹고 싶어요. 자장면 시켜 주세요."

"그럴까?"

아싸, 오늘은 자장면 먹는 날이에요. 엄마는 전화로 주문하십니다.

"자장면 두 그릇 갖다 주세요. 나무젓가락은 주지 마시고요."

"엄마, 왜 나무젓가락은 주지 말라 그래요?"

"우리 집에 젓가락 있잖아."

"치이, 그래도 자장면 먹을 땐 나무젓가락으로 먹고 싶은데!"

난 공연히 심통이 났어요.

"아이고, 나무젓가락으로 먹고 싶었구나. 그런데 나무젓가락은 뭘로 만들지?"

"나무로 만들죠."

당연한 걸 묻는 엄마한테 퉁명스럽게 답했어요.

"그래, 나무젓가락은 백양나무나 자작나무로 만든대. 15년이란 긴 시간이 걸려 자란 나무를 베어서 잠깐 쓰고 버릴 젓가락을 만드는 거야. 아깝지 않니?"

"네……."

엄마 말을 들으니 나무젓가락 쓰는 일은 나무에게 미안한 일이었어요.

게다가 다 쓴 나무젓가락이 땅에 묻혀 썩기까진 20년이 걸린대요. 그럼

20년 동안 땅도 괴롭히는 거예요. 엄마가 요즘 우리나라에선 나무젓가락의 대부분을 중국에서 수입한대요. 중국의 나무를 마구 베어 숲이 사라지면 메마른 모래벌이 늘어나요. 그럼 봄에 모래 바람, 황사가 심해질 거예요.
 황사가 심하면 마스크를 쓰고 밖에 나가야 해요. 이러다 봄에 아예 못 나가게 되면 어쩌죠?

나무젓가락 때문에 아까운 나무를 베면 안 돼요.

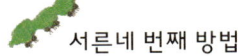 서른네 번째 방법
엄마랑 인형을 만들어 놀아요

나는 엄마가 쓴 종이 뒷면에 인형을 그렸어요. 엄마는 이불 홑청을 뜯고 그 위에 내가 그린 것과 똑같은 인형을 그렸어요. 내 인형보다 조금 더 크게요.

나는 종이 인형을 색칠한 뒤 오렸어요. 엄마도 큰 가위로 이불 인형을 오려 냈어요.

"엄마, 왜 나 따라해?"

"쌍둥이를 만들려고."

"그럼 지금 내 인형 만드는 거야? 얏호!"

엄마는 바느질을 하기 시작했어요. 어떤 모양이 될지 궁금해서 엄마 옆에서 구경하는데, 보고만 있으니 좀 심심했어요.

"심심해?"

"응!"

엄마는 아까 오려 둔 내 종이 인형과 두꺼운 종이, 풀, 가위를 건네주셨어요.

"종이 인형에게 딱 맞는 옷도 그려줄래?"

"네!"

엄마가 바느질을 마저 하는 동안 난 두꺼운 종이 위에 종이 인형을 올려 놓고 인형 모양에 맞는 옷을 여러 개 그렸어요. 노란 비옷, 빨간 장화, 속옷, 양말, 모자까지! 꼭 내가 디자이너가 된 거 같아요.

* 홑청은 요나 이불의 겉에 씌우는 천이에요.

"엄마 이젠 아바타 안 사도 되겠어요."
내가 만들어낸 종이옷들을 엄마한테 보여주었습니다.
"그러게, 이렇게 예쁜 인형이 있으니 말이야."
엄마도 쑥-, 엄마가 만든 인형을 내미십니다.
"우와!"
노란 우비를 입고 빨간 장화를 신은 인형이에요.
세상에 단 하나뿐인 나만의 인형!
친구들도 나처럼 인형을 만들어 보세요.

가위질 할 때는 언제나 조심 조심!

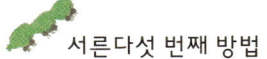
서른다섯 번째 방법

스티커 때문에 빵을 사지 않아요

오늘은 우울한 날이에요. 엄마한테 혼나서 벌서고 있거든요.

왜냐구요? 캐릭터 스티커가 들어 있는 '꼬로로빵' 때문이에요.

낮에 진호가 놀러 왔는데, 진호는 나한테 없는 스티커를 갖고 있었어요. 그래서 난 엄마를 졸랐어요.

"빵 사주세요! 네?"

"금방 점심 먹었잖아."

"그래도 배고파요. 먹고 싶어요."

한참을 배고프다 떼를 써서 결국 가게에 갔어요.

나는 신이 나서 소리쳤어요.

"꼬로로빵 주세요."

집에 돌아오자마자 빵 봉지를 뜯고 그 안에서 스티커를 '짜잔'하고 꺼냈는데……,

"에이, 이게 뭐야. 나한테 있는 거잖아. 제일 시시한 거야."

나는 속상해서 빵을 봉투째 던져 버렸어요.

"빵 안 먹니?"

엄마가 가만히 나를 쳐다봤어요.

"안 먹어요. 배 안 고파요."

"그럼, 빵은 어떻게 하지?"

"그냥……, 엄마도 안 드실 거면 그냥……."

엄마는 무척 화가 났어요. 스티커가 갖고 싶어서 배고프다고 거짓말을 했고, 음식을 먹지도 않고 던져 버렸으니까요. 나도 내가 잘못한 걸 알아요. 스티커도 마음에 안 들어 속상하고……, 정말 우울한 날이에요.

"물건은 필요해야 사는 거야. 이런 스티커는 사람들에게 물건을 더 많이 사라고 유혹하는 미끼야. 사기 전에 꼭 한 번 더 생각해 봐. 이 물건이 필요한 건지 아닌지."

엄마 말이 맞아요. 배가 고프지도 않으면서 스티커 때문에 빵을 사고……, 앞으론 미끼 상품에 걸리지 말아야겠어요. 미끼 상품 때문에 물건을 샀다가 아무렇지 않게 버린 적이 있었다면 앞으론 이런 생각을 해 봐요.

♣ 내가 버린 이 빵, 누군가에게는 귀중한 식량일거야. 그 사람은 얼마나 내가 미울까?

♣ 난 지금 석유, 전기, 돈, 에너지를 아깝게 버리는 거야!

♣ 난 쓰레기 때문에 금방이라도 폭발할 것 같은 지구별에 쓰레기 한 방 더 날렸어!

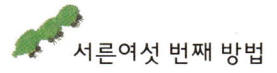
서른여섯 번째 방법

패스트푸드, 먹지 않아요

"나도 먹고 싶다!"

텔레비전에서 어떤 아저씨가 입을 왕 크게 벌리고 햄버거를 먹으려 해요.

"저 아저씨는 햄버거가 맛있어서 먹는 게 아냐. 실험을 하는 거지."

텔레비전에 나온 아저씨는 햄버거가 사람들의 몸을 어떻게 망가뜨리는지 알아보려고 햄버거만 먹는 실험을 하고 있대요.

햄버거에는 건강에 좋지 않은 기름과 조미료가 많이 들어 있어요.

실험을 하던 아저씨는 결국 건강이 나빠져서 24일째 되는 날 병원으로 실려 갔어요!

맛있는 햄버거가 우리의 건강을 해치는 것이었다니……, 그런데 이것 말고도 햄버거에는 더 많은 비밀이 숨어 있어요.

뭐냐고요?

햄버거의 첫 번째 비밀 - 숲을 망가뜨려요

햄버거 하나에 들어가는 쇠고기를 만들려면 5제곱미터의 땅이 필요해요. 그래서 열대우림의 나무들을 베고 있어요. 숲을 밀어내고 소를 키울

목초지로 만들려고요.

하나, 둘, 셋…… 셀 수 없이 쏟아지는 햄버거, 그만큼 지구의 허파라 불리는 열대우림이 자꾸자꾸 사라져가요.

햄버거의 두 번째 비밀 - 사람의 먹거리를 빼앗아요

햄버거 하나에 들어가는 쇠고기를 만들 땐, 22명이 나눠 먹을 수 있는 옥수수와 콩 그리고 물이 필요해요. 소의 먹이로 쓰이거든요.

주로 아프리카나 동남아시아에서 옥수수와 콩을 소의 먹이로 팔아요. 그런데 이 지역의 많은 사람들은 먹을 게 없어서 배고픔에 시달린대요. 옥수수와 콩을 소에게 내주고 사람들은 먹지 못한다니……, 참 슬픈 일이에요.

햄버거의 세 번째 비밀- 지구가 더워져요

  소들이 먹는 사료용 곡식을 만들려고 땅을 오염시키는 '석유화학비료'를 마구 쓰고 있어요. 게다가 소들의 '방귀'에서는 지구를 덥게 하는 메탄가스가 나온대요.

  햄버거만이 문제가 아니에요.
  햄버거를 파는 패스트푸드점은 일회용 그릇과 도구를 가장 많이 사용하는 곳이에요.
  햄버거를 싼 코팅종이, 케찹과 소스가 들어있는 비닐종이, 종이컵, 플라스틱 포크와 숟가락, 샐러드를 담은 플라스틱 그릇……, 엄청 많지요?
  건강과 환경을 생각한다면 패스트푸드점에 가는 횟수를 줄여야겠어요. 대신 집에서 자연이 주는 재료로 엄마랑 간식을 만들어 먹기로 했어요. 휴일에는 아빠와 함께 특별 요리도 만들 거예요.

♣ 햄버거는 보기엔 맛있게 보이지만, 몸에 좋지 않은 걸로 가득해요. 햄버거를 만들 때 넣는 정제된 소금과 설탕 같은 합성 조미료는 뼈를 약하게 만든대요.

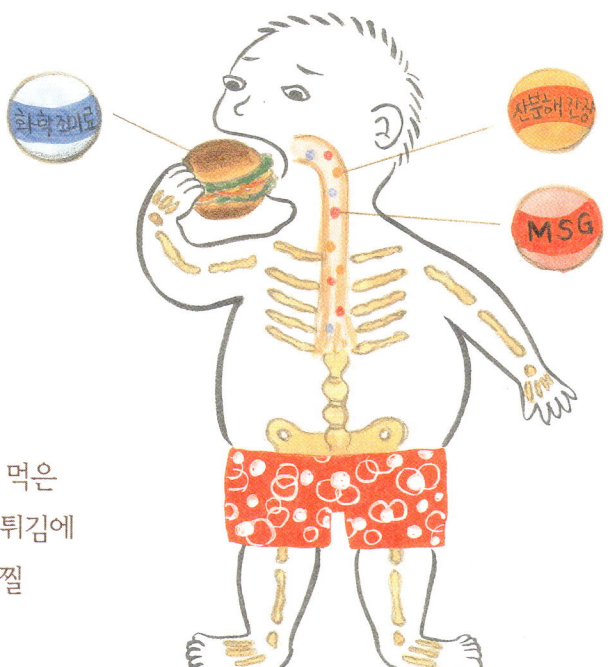

♣ 햄버거 한 개를 먹으면 밥 두 공기를 먹은 것과 같대요. 햄버거만 먹나요? 감자튀김에 콜라에, 햄버거 세트를 먹으면 살이 찔 수밖에 없어요.

♣ 키도 쑥쑥 크고 뚱뚱하지 않게 자라려면 햄버거 대신 자연에서 난 것을 먹어요. 과일과 감자, 고구마 같은 것으로요. 뼈를 튼튼하게 해 주는 음식을 찾아봤어요. 멸치와 고기, 두부, 우유, 치즈! 벌써 내 키가 한 뼘은 더 자란 기분이에요!

5장 • 녹색 소비자가 되어요

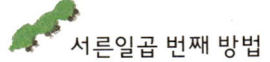
서른일곱 번째 방법
건강한 음식을 먹어요

오늘, 엄마 아빠랑 오리할아버지 댁에 가기로 했어요.
"그런데, 엄마. 왜 오리할아버지라고 불러요?"
"오리로 농사를 지으시니까 모두들 그렇게 부르지."
"왜 오리로 농사를 지어요?"
"어휴, 이제 궁금한 게 많아졌구나."
농사를 지을 때 논의 잡초나 벌레를 없애려고 농약을 쓴대요. 그런데 농약은 땅을 오염시키고 사람 몸에도 위험한 물질을 내보낸대요.
"농약에서는 환경호르몬을 일으키는 화학물질이 많이 나와."
"환경호르몬이 뭐예요?"
"호르몬은 우리 몸을 잘 자라게 하고 아기를 낳을 수 있게 돕는 거야. 그런데 사람 몸속에 들어온 화학물질 중에 호르몬 흉내를 내면서 호르몬이 하는 일을 방해하는 게 있어. 이런 물질을 '환경호르몬'이라고 해. 환경호르몬은 기형아를 낳게 하거나 암을 일으킬 아주 위험한 거야."
"윽~ 농약이 아니라 독이네."
내 말에 엄마가 씁쓸하게 웃었어요.
이제 왜 할아버지가 오리로 농사를 짓는지 알겠어요. 오리는 벌레와 잡초를 먹어 없애주고 똥을 싸서 벼의 거름을 만들어 줘요. 오리 덕분에 농약도 거름도 필요하지 않지요.

　난 긴 장화를 신고 오리를 따라 한참을 놀았어요.

　꼬르륵~, 너무 뛰어 다녔나 봐요. 배에서 난리가 났어요.

　그런데 오리할아버지 집에는 반찬이 조금밖에 없어요. 상추, 고추, 된장, 김치…….

　할아버지는 '1식 3찬' 한대요. 한 끼에 반찬은 딱 3가지만!

　'에고 나는 뭐랑 먹지.'

　나는 입이 쑥- 나왔어요.

　"자, 이건 너를 위한 특별 반찬이다."

　그래도 내가 왔다고 할아버지께서 생선이랑 계란을 해 주셨어요.

　"우와- 진짜 특별한 밥상이네요."

　할아버지 집에서 '1식 3찬'만 받아왔던 아빠가 나보다 더 좋아하셔요.

　참외도 껍질째 드시는 할아버지는,

　"음식은 우리 몸이 무거워하지 않게 소박하게 먹어야 해"라고 하셔요.

　우리 몸이 무거워 하지 않을 음식?

뭐가 있을까요?

♣ 흰 쌀밥보단 현미가 섞인 밥이 더 좋아요. 현미의 껍질과 씨눈에는 우리 몸에 좋은 양분이 많이 들어 있어요. 흰 쌀은 이렇게 좋은 현미의 껍질과 씨눈을 벗겨낸 속살이고요. 그러니 흰 쌀밥은 현미의 좋은 영양분을 다 버린 거예요. 또 현미엔 식이섬유가 풍부해서 변비도 예방하고, 몸속의 나쁜 물질을 없애준대요. 칼로리도 낮아서 비만 예방에도 큰 도움이 되지요.

♣ 예전엔 채소반찬을 싫어했었는데 이젠 채소반찬을 꼭 먹을 거예요. 채소엔 우리 몸에 꼭 필요한 비타민과 미네랄이 많이 들어 있어요. 고기반찬도 우리가 힘을 쓰는 데 필요한 에너지를 주는 좋은 반찬이에요. 하지만 너무 많이 먹으면 오히려 몸속의 영양분을 뺏어 간대요.

♣ 하루에 한 번은 꼭 먹어야 할 반찬을 골랐어요.
- 녹황색 채소 (시금치, 당근, 쑥, 갓, 깻잎, 고추, 미나리, 부추)
- 김, 미역, 파래, 다시마, 생선 등 바다에서 난 재료
- 콩과 우유

♣ 요리할 때도 건강과 환경을 지킬 수 있어요. 엄마는 앞으로 화학조미료 대신 직접 만든 천연 조미료로 요리하실 거예요. 다시마, 멸치, 새우 등을 갈아서 만든 엄마표 조미료를 함께 만들었어요.

♣ 과일은 제철과일을 먹어요. 제철과일이 아니면 억지로 빨리 크라고, 혹은 오래 보관하기 위해서 몸에 해로운 약을 치게 되지요. 과일이 나오는 때를 기억해 두세요.

♣ 컵라면은 먹지 말아요. 정 먹고 싶다면 다른 그릇에 옮긴 후 뜨거운 물을 부어 먹어요. 이때 그릇은 되도록 나무나 도자기로 된 것을 사용해요. 플라스틱 그릇에 뜨거운 물을 부으면 화학약품이 녹아 나온대요.

♣ 간식을 먹고 싶을 땐, 과일, 감자, 고구마, 옥수수 같은 자연식품을 먹어요. 과자나 빵 같은 가공식품에는 당분이나 조미료가 많이 들어 있어요. 이 성분들은 공격적인 호르몬인 아드레날린을 증가시킨대요. 그래서 가공식품을 지나치게 많이 먹으면 폭력적인 어린이가 될 수 있대요.

♣ 음식은 남기지 않을 만큼만 담고, 반찬 가짓수도 많지 않게 차려요. 어때요? 건강과 환경을 지키는 소박한 밥상이 잘 차려졌나요?

와! 맛있겠다!

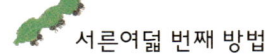

서른여덟 번째 방법

동물을 죽여 만든 상품은 사지 않아요

넓고 푸른 바다, 평화롭게 헤엄치는 고래들……. 그 반대편에서 포경선이 나타나 고래를 둘러쌉니다. 포경선에서 쏘아댄 화살촉들이 고래를 향합니다. 곧 바다에 붉은 피가 넓게 퍼져갑니다. 그렇게 사냥된 고래는 토막토막 잘려져 스티로폼 팩에 담겨 백화점으로 옮겨집니다.

환경 영화제에서 본 '고래 이야기'는 너무 슬펐어요.

《야, 우리 기차에서 내려!》라는 그림책의 이야기가 떠올랐어요.

기차에 코끼리 한 마리가 올라탑니다.

"야, 우리 기차에서 내려!"

"제발 나도 기차에 태워 줘. 사람들이 내 상아를 잘라 가려고 해. 자꾸 이러다간 우리 코끼리들은 살아남지 못할 거야."

"……."

사람들은 정말 다른 동물들을 힘들게 하나요? 환경 영화제를 만든 선생님의 설명을 함께 들어 보아요.

* 포경선은 고래잡이 배예요.

동물도 우리와 같은 '생명'을 가졌어요.

"화장품 회사는 새 상품이 나올 때마다 동물들에게 실험을 한대요. 립스틱을 얼마나 먹으면 해로운지 알아내려고 침팬지에게 억지로 립스틱을 먹여요. 또, 샴푸가 눈에 얼만큼 들어가면 해로운지 알아내려고 토끼의 눈에 새로 만든 샴푸를 흘려 넣어요. 토끼는 눈을 깜박이거나 눈물조차 흘릴 수 없는 장치에 묶인 채 고통스러워하며 실험대에서 죽어 가지요.

해마다 2백만 마리 이상의 동물이 화장품 때문에 고통스러운 죽음을 당하고 있어요.

사람들은 곰쓸개나 호랑이 뼈가 건강에 좋다니까 마구잡이로 곰과 호랑이를 몰래 사냥해요.

모피 코트 한 벌을 만들려고 200 마리의 밍크, 100마리의 친칠라, 11마리의 푸른 여우를 죽이지요. 여우는 전기 고문으로 죽거나 마비를 일으키는 주사를 맞아 죽어요.

이렇게 다른 생명체를 죽여서 만든 모피 옷은 몇백만 원씩 하는 비싼 값으로 백화점에서 팔려요.

동물도 사람과 똑같은 생명을 가진 생명체예요. 다른 생명체에 대한 예의를 지켜야 해요.

옛날 사람들은 자연의 것은 꼭 필요한 만큼만 거두었지요.

그래야 동물과 식물들이 멸종하지 않고, 그 자연이 다시 사람을 이롭게 한다고 믿었거든요. 그런데 지금 사람들은 자연의 것을 너무 많이 가져가려 해요. 다른 생명체를 너무 쉽게 해쳐요. 이제 우리는 다른 동물과 우리 사람들이 함께 어울려 살 수 있는 생활을 고민해 봐야 할 때예요."

나는 선생님 말씀을 듣고 마음이 아팠어요. 집에 가서 엄마 아빠한테도 어서 이 사실을 알려 드려야겠어요.
동물 친구들을 힘들게 하고 싶지 않아요.

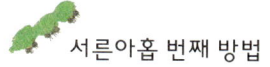
서른아홉 번째 방법

아무 것도 안 사는 날을 정해요

　물건을 사는 횟수를 줄이는 것도 환경을 지키는 일이래요. 물건을 만들 때는 에너지도 쓰이고, 자원도 쓰이고, 사람들의 수고도 들어가요. 그래서 정말 나한테 꼭 필요한 것만 사야 해요. 나한테 꼭 필요하지 않은 물건을 사는 건 이 모든 것을 낭비하는 거예요. 맞아요. 불필요한 것을 사면 잘 쓰지도 않고 쉽게 버리게 되잖아요.

　우리 집은 얼마 전부터 금요일은 아무 것도 안 사는 날, 소비를 '금'하는 날로 정했어요. 처음에는 괜히 더 무엇인가 사고 싶어졌어요. 그랬더니 엄마가 금요일엔 돈을 쓰지 않는 놀이를 찾아보라 하셨지요. 그래서 난 금요일엔 어린이도서관에 가요. 책도 보고 친구들과 놀고. 또 마을금고에도 가요. 금요일에 쓰지 않은 돈을 내 통장에 모아서 가난한 나라의 굶주리는 아이들에게 보낼 거예요. 와! 금세 금요일 하루가 다 갔네요!

* 소비는 돈과 시간 등을 써서 없애는 것이에요.

'금'요일은 소비를 '금'하는 날!
아― 배부르다!

금요일 저금통

5장 • 녹색 소비자가 되어요

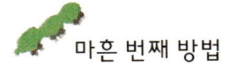
마흔 번째 방법

물건을 사러 갈 땐 장바구니를 챙겨요

15년 동안 자란 커다란 나무 한 그루로 700개의 종이 가방을 만든대요. 그런데 한 백화점에서 하루 동안 손님들이 가져가는 종이 가방이 만 개나 된대요. 하루 사이에 큰 나무 한 그루가 없어지는 거예요.

우리가 한 번 쓰고 버리는 비닐봉지는 일 년에 몇 장 만들까요?

약 5조 장이래요. 5조면 5,000,000,000,000? 우와, 엄청나네요.

미국은 일 년에 약 1,000억 장의 비닐봉지를 쓰고 버리고, 우리나라에서는 약 150억장의 비닐봉지를 쓰고 버린대요. 일회용 비닐봉지 1장의 가격을 50원으로 치면 한 해에 약 7,500억 원이 낭비되는 것이지요. 비닐봉지는 석유와 화학제품을 원료로 해서 만드는 거니까 석유를 버리는 셈이기도 하고요. 또 아무렇게나 버려진 비닐봉지는 하수구를 막히게도 하고, 땅속에 묻혀서 오랜 시간 썩지 않고 쓰레기로 남아요.

우리가 일주일에 한 번씩만 시장에 간다 해도 얼마나 많은 비닐봉지와 종이 봉지가 쌓이게 될까요? 또 포장배달 되는 요리나 물건을 살 때 딸려오는 비닐봉지까지 합하면 몇 개나 될까요. 10개? 20개? 30개?

이제부턴 "나무들을 위해 사양할게요."라고 종이

가방을 거절해야겠어요. 비닐봉지도요. 대신 앞으론 내 장바구니를 써야겠어요. 그런데 익숙하지 않아요. 장바구니를 자꾸 까먹고 가게에 가요. 어떡하지?

아! 생각났다. 앞으론 장바구니를 현관 앞에도 두고, 가방 속에도 넣어 둬야겠어요. 필요할 때 바로 쓸 수 있게요.

제 장바구니에 담아 주세요.

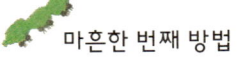
마흔한 번째 방법

대형 마트 대신 시장에 가요

"치이-, 마트로 가지."

커다란 마트에 가면 장난감도 있고 예쁜 가방도 있고 놀이터도 있는데, 엄마는 왜 갑자기 시장으로 가자 그러는지 모르겠어요. 피노키오 코만큼 쑥 나온 내 입, 불만, 불만, 불만이라구요.

하지만…… 막상 가보니 시장은 마트보다 더 재미있는 곳이었어요.

빨간 고무통 속에서 꼬물꼬물 움직이는 미꾸라지를 봤어요. 생선이 깨끗하게 다듬어지는 것도 봤어요. 방앗간에서는 흰 가래떡이 쑥 뽑아져 나오는데, 옆에서 침 흘리며 보고 있으니까 아저씨가 귀엽다고 막 나온 떡을 끊어 주셨어요.

시장에는 없는 게 없었어요. 또 열심히 일하는 사람들도 많았고요. 빨간 비닐 앞치마를 한 아저씨, 팔 토시를 한 아줌마, 야채 가게 할머니…….

고사리를 일일이 손으로 까고 있는 야채 가게 할머니를 봤어요. 할머니의 손끝이 까맣게 물들어 있는 걸 보니까 죄송했어요. 먹기 싫다고 고사리를

 남긴 적이 있거든요. 다음부턴 할머니가 고생해서 까는 고사리를 절대로 안 남길 거예요.

 엄마는 시장에 오면 돈도 조금 쓰게 된대요. 마트에 갈 때는 차를 가져가게 되니까 이왕 온 거 하면서 한꺼번에 많이 사게 된대요. 그러다보면 꼭 필요하지도 않은 물건도 사게 된대요. 하지만 동네 시장에 가면 우리가 들고 올 수 있는 만큼만 사게 돼요. 난 엄마랑 손잡고 걸어 다닐 수 있어서 참 좋아요.

 엄마가 그러는데 시장을 이용하면 큰 부자들보다 조그맣게 장사하는 분들에게 도움이 될 수 있대요. 참, 시장에 갈 때 장바구니 꼭 챙겨야 해요. 잊지 마세요.

고마워요.

고사리 천 원 어치만 주세요.

날짜 : 11월 11일 (농업인의 날)
제목 : 희망의 밥상

어린이 도서관에 환경 단체 선생님이 오셨다. 선생님은 아프리카에서 침팬지를 연구하며 환경 보호 운동에 앞장선 제인 구달의 이야기를 들려주셨다. 제인 구달이 침팬지에게 울퉁불퉁하고 못생긴 유기농 야채와 반질반질하고 보기 좋은 유전자 조작 야채를 주었더니, 침팬지가 유기농 야채만 골라서 먹었다. 침팬지는 사람보다 감각이 예민해서 몸에 좋은 음식과 해로운 음식을 쉽게 구분할 수 있다고 한다.

나는 선생님의 얘기를 들으면서 점점 걱정이 되었다. 왜냐하면 난 유전자 조작 작물과 그렇지 않은 것을 구분할 줄 모르기 때문이다. 이야기를 함께 들은 엄마도 앞으로 무엇을 갖고 음식을 해야 할 지 고민이 된다고 하셨다. 그랬더니 선생님께선 제인 구달의 책에 나온 한 구절을 읽어 주셨다.

"내 고장에서 나는 제철 식품이 바로 희망의 밥상이지요." 하고. 엄마와 난 집에 돌아와 우리 몸에도 좋고 자연에게도 좋은 먹거리에 대해 찾아 봤다. 계절별로 먹어야 할 것들을 그림을 그려 냉장고 문에 붙였다. 앞으로 우리 집 식탁은 희망의 밥상이 될 것이다!

내가 찾은 환경 정보

어린이가 사 먹지 말아야 할 식품첨가물 다섯 가지

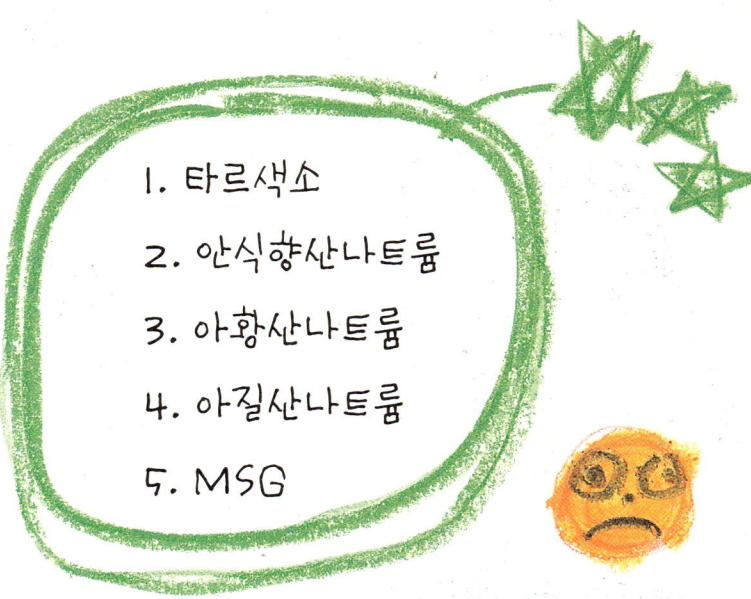

1. 타르색소
2. 안식향산나트륨
3. 아황산나트륨
4. 아질산나트륨
5. MSG

과자, 아이스크림 등의 제품 뒤에 나온 성분명을 잘 보고, 위의 식품첨가물이 들어간 제품은 절대 사 먹지 말자!

생명을 소중히 해요

6장

나무, 이름 모를 풀과 벌레, 크고 작은 동물들, 눈으로 보기 어려운 미생물, 모두가 우리와 함께 지구에 살고 있어요. 그런데 사람들은 지구가 사람들만의 것인 줄 알고 마구 파헤쳐요. 나무를 다 베어 숲을 벌거숭이로 만들고, 바다를 마음대로 메워놓고, 강줄기의 방향을 바꿔버려요. 그 속에 사는 다른 생명체들에 대해서 배려하지 않았지요. 그 탓에 하나 둘, 지구에 함께 사는 이들이 사라진다면…… 어떤 일이 생길까요?

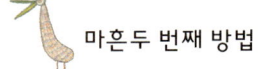

마흔두 번째 방법

산에선 과일 껍질도 버려선 안 돼요

일요일 아침, 아빠와 동네 산에 올랐어요.

산을 오르며 아빠는 어릴 적 산에서 놀던 이야기를 해 주셨어요.

"이렇게 풀을 묶어 놓으면, 아무 것도 모르고 지나가던 친구가 풀에 발이 걸려 넘어졌어."

몰래 숨어서 놀려댔을 개구쟁이 아빠 모습이 떠올랐어요.

"이건 때죽나무, 이건 신갈나무, 이건 산수유……."

아빠는 신기하게도 나무들 이름을 잘 아세요.

까맣게 익은 산수유 열매를 따서 내 입에 쏙 넣어주셨어요. 새콤달콤했지요.

"자, 이 잎도 한 번 씹어 봐."

아빠가 건네준 초록 잎, "우웩." 나는 얼굴을 찡그리며 뱉어냈어요.

"그건 소태나무 잎이야. 얼굴을 찡그리고 있는 사람한테 소태 씹은 표정을 하고 있다고 하는데 그 이유를 알겠지?"

정말 잊을 수 없을 거예요. 소태 나뭇잎의 맛.

산과 친해지려면 천천히 산을 올라야 해요. 그래야 산길에 핀 풀, 꽃, 나무, 나무 사이로 반짝이는 햇살을 느낄 수 있거든요.

그리고 산에 쓰레기는 절대로 버리면 안 돼요. 과일 껍질도요. 껍질에 묻어 있을 농약 때문에

산에 사는 새와 곤충들이 먹고 죽을 수 있대요.

　나뭇가지에 이름을 적은 리본을 매거나 이름을 새기는 일도 하면 안 돼요. 나뭇가지에 리본을 꽉 매면 가지가 더 자라지 못한대요.

　난 앞으로 한 달에 한 번씩 아빠랑 엄마랑 산에 갈 거예요. 그럼 언젠간 《나의 라임오렌지 나무》의 꼬마 제제처럼 나무 친구가 생기겠지요?

마흔세 번째 방법

나만의 작은 숲을 만들어요

"엄마, 외할아버지는 나만 미워해. 왜 내 나무는 안 심었어?"

난 철이한테만 나무를 심어준 외할아버지 때문에 심통이 났어요. 외할아버지는 외사촌 철이가 태어날 때 마당에 대추나무를 심으셨어요.

"음, 철이는 외할아버지랑 같이 사는데다 마당이 있으니까 그렇지."

"나도 내 나무를 갖고 싶어요."

"우리 집엔 마당이 없는데……, 대신 봉숭아꽃을 키울까? 예쁘게 키워서 손톱에 봉숭아물도 들이고 말이야."

"겨울 되면 봉숭아꽃은 없어지잖아요."

"아니야. 봉숭아 꽃 씨앗을 잘 받아두었다가 봄에 다시 심으면 또 만날 수 있어. 해마다 네 봉숭아에서 씨를 받아 꽃피우고, 곱게 손톱에 물들이고 다시 씨앗을 받고……."

집에 돌아와 엄마랑 난 큰 스티로폼 박스에 구멍을 내고, 흙을 담고 봉숭아 모종을 심었어요.

봉순이라고 이름도 지었지요. 난 봉순이한테 내가 마시는 물도 나눠주고, 밖에 나갈 땐 "다녀올게."하고 인사도 했지요.

지금 우리 집 베란다에는 봉순이 말고도 다른 친구들도 있어요.

방울토마토, 고추, 금낭화, 채송화, 돌단풍, 비비추…….

우리집 베란다에 작은 숲이 생겼지요.

나무는 지구를 뜨겁게 하는 이산화탄소를 흡수하고, 맑은 산소를 준답니다.

꽃을 심으면 씨앗이 트고, 볕을 따라 꽃이 피고, 슬금슬금 열매를 내놓는 생명을 배울 수 있어요.

생일선물, 축하선물로 총이나 로봇, 인형 같은 것만 선물하지 말고 씨앗을 선물해 보세요. 꽃과 나무를 어떻게 사랑하며 키우는지 서로 얘기도 하면서요.

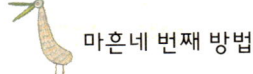

마흔네 번째 방법
멸종동물 사전을 만들어 봐요

"엄마, 나 또 모기 물렸어요. 모기는 정말 싫어요. 세상에 모기가 다 없어졌으면 좋겠어."

"예전에 보르네오라는 섬에서 말라리아모기를 없애려고 디디티란 독한 약을 마구 뿌렸어. 그랬더니 모기뿐 아니라 도마뱀과 고양이, 사람도 모두 죽었대."

"왜요?"

"왜냐하면 모기를 죽이려고 뿌린 디디티를 바퀴벌레가 쐬고 그 바퀴벌레를 도마뱀이 잡아먹고, 이 도마뱀을 고양이가 잡아먹고 죽었어. 고양이가 없어지니깐 마을엔 들쥐들이 많아지고 들쥐가 많아지니 그 무서운 전염병 페스트가 돌아 굉장히 많은 사람들이 죽었단다."

"모기를 잡으려던 일이 너무 끔찍한 일이 됐네요."

지구에는 상상할 수 없을 정도로 많은 동물과 곤충, 새들이 살고 있대요.

책에서 보니까 1,000만에서 3,000만 종의 생물이 산대요.

그런데 해마다 3만여 종, 하루엔 70여 종의 생물들이 사람들 때문에 사라지고 있대요.

나는 사라져가는 동물들의 모습을 담아 사전을 만들었어요. 관심을 가지면 지키려는 마음도 생길 거예요.

이미 멸종된 동물들 사전

❶ **1914년 9월 1일, '마사'라는 마지막 남은 여행비둘기 죽음.**
한때는 50억 마리나 되었지만 사람들이 여행비둘기의 가슴살을 즐겨 먹고, 깃털을 이불의 재료로 쓰고, 똥을 약으로 쓰면서 결국 멸종됨.

여행 비둘기

❷ **1961년, 미국 플로리다 메리트 섬에 살던 해변참새 멸종.**
우주로 발사되는 로켓 실험을 위한 군사기지에서 매일 새벽 발사되는 로켓의 굉음에 메리트 섬에 살던 6천여 마리의 해변참새가 하나 둘 죽어 사라졌다.

우리나라에 사는 멸종위기 동물들
❶ 시라소니
❷ 늑대
❸ 크낙새
❹ 노랑부리 백로
❺ 저어새
❻ 하늘다람쥐
❼ 붉은 박쥐

시라소니

하늘 다람쥐

사진 속 동물들이 눈빛으로 내게 이렇게 말했어요.
"나도 살고 싶어."

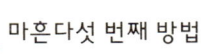 마흔다섯 번째 방법
하늘로 풍선을 날리지 않아요

공원에서 어린이를 위한 축제를 했어요.

"나도 주세요."

노랑, 빨강, 초록, 알록달록 예쁜 풍선들, 축제가 끝났을 때 모든 풍선을 하늘로 날려 보냈지요. 하늘은 마치 꽃밭 같았어요.

점점 멀리 사라지는 풍선들, 풍선들은 모두 어디로 갈까요?

풍선은 그 속에 든 헬륨가스 때문에 둥둥 떠다녀요.

헬륨가스가 다 빠지면 풍선은 바다나 땅으로 떨어져요. 바다에 떨어진 풍선은 바닷물의 소금 때문에 색깔이 지워지고 투명해져요. 바다 동물들은 이 풍선을 먹이로 알고 삼켜버린대요! 해파리만 먹고 사는 바다거북은 투명한 풍선을 해파리인 줄 알고 삼켰다가 그 풍선에 위가 막혀서 굶어 죽었대요. 너무 불쌍해요.

기쁜 날 풍선을 날려 보내는 일은 우리한테는 재미있는 일이지만 다른 동물들을 괴롭힐 수 있어요.

앞으론 하늘로 풍선을 날려 보내지 않기로 해요.

 마흔여섯 번째 방법

자연과 친구해요

"피카츄, 리카, 디지몬, 햄토리, 마시마로, 유희왕, 이렇게 많은데 또 사달라는 거야?"

"그건 옛날 거잖아. 유행이 바뀐 지 언젠데. 싫증난단 말이야."

"안 돼!"

"치이, 엄마가 안 사주면 내 용돈 모아 살 거야."

인형, 플라스틱 자동차, 로봇, 플라스틱 소꿉놀이, 나도 내가 장난감이 많단 것을 알아요. 하지만 심심한 걸요.

"아빠는 어렸을 때 뭐하고 놀았어?"

"막대기로 자치기도 하고, 밭에 떨어진 고구마도 주워서 구워 먹고, 강에서 소라나 미꾸라지도 잡았지."

"엄마는?"

"음, 난 아카시아 잎줄기로 파마하고, 돌멩이 주워서 공기 놀이도 하고, 모래성 쌓고, 토끼풀로 반지 만들고 그랬지."

엄마 아빠는 어릴 때 시골에서 살았어요. 그래서 시냇물, 고동, 물고기, 가재, 들꽃, 밤하늘의 별과 달을 실컷 봤대요. 매일 숲 속을 뒤지고 옥수수, 호박, 고구마, 참외도 길러서 먹고 엄마, 아빠의 친구는 자연이었대요.

나도 엄마 아빠처럼 자연에서 장난감을 찾아봤어요. 이런 놀이 어때요?

♣ 맨질맨질한 작은 돌로 공기 놀이를 해요. 흙을 쌓아 두꺼비집 놀이도 할 수 있고, 막대기로 바닥에 1, 2, 3, 4 칸을 그려 뛰노는 사방치기도 재미있는 놀이에요.

♣ 슈퍼맨의 망토도 되고 아가를 업는 포대기도 되는 천과, 누워서 김밥 말 듯 구를 수 있는 이불은 위험하지도 않고 따뜻한 장난감이에요.

♣ 나무토막도 좋아요. 굳이 장난감 가게에서 비싼 돈을 주고 반듯반듯하게 잘라진 나무블럭을 살 필요가 없어요. 집 주변이나 산에 갔을 때 나만의 나무토막을 골라봐요. 잘 보면 수박처럼 생긴 나무토막, 알파벳 S 같은 나무토막 등 특별한 것을 찾을 거예요.

♣ 호두나 명자나무 열매, 은행, 개암 열매, 동글동글한 돌멩이…… 따위를 예쁜 주머니에 담아 친구들에게 선물해요.

♣ 만화영화에 나오는 친구들하고만 놀 거예요? 유행 따라 장난감을 모두 살 필요는 없어요. 우리 주변에 숨어 있는 신나는 놀이를 찾아봐요!

이젠 내 주변의 그 어느 것도 하찮게 보이지 않아요. 모두 내 장난감, 아니 내 친구니까요.

마흔일곱 번째 방법
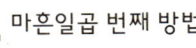
시끄러운 소리, 소음을 줄여요

엄마 아빠랑 우리나라 땅끝마을 미황사에 갔어요. 미황사 입구에는 '묵언수행'이라는 푯말이 있어요. 아침밥을 챙겨주시던 보살님께 여쭤봤어요.

"묵언수행이 뭐예요?"

"말을 아끼면서 생활하는 거야."

"말을 왜 아껴요?"

"말을 아끼는 만큼 생각하는 시간이 길어지거든."

"말을 안 하면 심심하잖아요."

"대신 다른 소리들을 들을 수 있단다."

다른 소리? 진짜 진짜! 내가 소리를 안 내고 있으니까 다른 소리들이 들려와요.

계곡 물소리, 새소리, 나뭇잎이 바람에 흔들리는 소리, 목탁소리, 조용조용한 사람들 말소리……, 산속 소리는 참 예뻤어요.

서울에서 듣는 소리는 언제나 시끄러운데…… 어딜가나 요란한 벨소리, 부릉부릉 자동차 소리, 쿵쾅쿵쾅 공사장 소리.

이런 시끄러운 소리를 '소음'이라 해요. 시끄러운 곳에 오래 있으면 혈압이 올라가고 호흡이 거칠어지고 맥박도 빨라진대요. 심하면 심장에 이상이 생기고, 백혈구의 움직임이 둔해져 큰 병이 될 수도 있대요. 환경부에서는 우리가 사는 도시의 소음 기준을 정했는데, 서울은 이미 그 기준을 훌쩍 넘었대요.

아이구 시끄러워라! 나부터 소음을 줄여야겠어요.

텔레비전이나 컴퓨터 스피커의 볼륨을 낮춰요. 산에서는 큰 소리를 지르지 않을 거예요. 산에서 큰 소리를 지르면 동물들의 짝짓기를 방해할 수도 있대요. 아주 작은 생명체들에겐 우리의 목소리, 발소리가 어마어마하게 큰 소리로 들릴 테니까요.

엄마 아빠도 부부 싸움할 때 조용조용, 쉿!

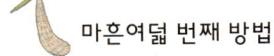

마흔여덟 번째 방법

내가 가진 것에 감사해요

엄마는 사람들의 '욕심'이 환경문제를 만들었대요.

"욕심은 끝이 없어. 사람들은 물건이 부족하거나 생활이 불편하지 않은데도 계속 물건을 만들고, 필요하지도 않은 물건을 사. 아직 더 쓸 수 있는 걸 버리고 말이야. 쓰레기는 점점 늘어가고 지구의 환경은 점점 나빠지니 걱정이구나."

책에서 봤어요. 만약 전 세계 아이가 100명이면 그 중 30명은 하루에 한 끼도 잘 먹지 못하고, 19명은 깨끗한 물을 마실 수 없고, 40명은 몸을 씻을 물조차 없대요. 나는 어떤가요? 엄마, 아빠, 집, 내 침대, 책, 깨끗한 물, 맛있는 음식, 그리고 평화, 참 많은 것을 가졌어요. 내가 가진 것에 감사하고 더 많이 더 큰 것을 가지려는 욕심을 없애야겠어요. 우리 함께 내가 가진 '작은 것'을 소중하게 생각하기로 해요.

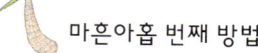
마흔아홉 번째 방법
환경단체 회원이 되어요

"엄마, 내 편지가 왔어요."

언제나 엄마 아빠 이름이 적힌 우편물만 왔었는데, 오늘은 내 앞으로 편지가 왔어요. 엄마도 궁금한지 봉투를 뜯는 내 옆으로 오셨지요.

환경단체에서 온 편지였어요. 얼마 전에 나는 환경단체의 어린이회원이 됐거든요.

"환경을 지키는 푸름이가 되어 주어서 고맙습니다."

봉투 속에는 초록색 회원카드와 어린이 회원을 위한 푸름이 소식지가 들어 있었어요.

환경단체에서 일 하는 분들 덕분에 나도 환경 문제에 관심을 갖게 됐어요. 지금 지구가 얼마나 고통 받고 있는지, 내가 어른이 되었을 때 환경문제로 인해 얼마나 심각한 문제가 생길 수 있는지 알았지요.

내가 더 고마운데……, 쑥스럽지만 이젠 나도 고마운 일을 하는 사람이 됐다고요.

으쓱, 내가 지구를 지키는 수비대장이래요!

♣ **꿈나무 푸른 교실** : 환경을 사랑하고 환경을 보호하는 일에 앞장선 어린이들을 위한 사이버 환경 교실입니다. 이곳에서 환경에 대해 공부하고 생활 속에서 실천할 수 있는 방법들을 배울 수 있습니다.

쉰 번째 방법
환경 일기를 써요

"뭐해?"

엄마가 내 방문을 열고 들여다보십니다.

"청소한다더니 청소는 안하고, 서랍은 다 뒤집어 놓고."

"헤헤, 하려고 했는데 재미있는 게 있어서요."

잡동사니로 가득한 내 서랍에서 '푸름이 일기장'을 찾았어요.

"엄마, 그때 우포늪에서 황소개구리를 본 거 기억나요? 외국에서 온 황소개구리가 너무 많아져서 우리나라 개구리들을 못살게 한다 그랬잖아요."

푸름이 일기장에는 내 팔뚝만한 황소개구리 사진이 붙어 있어요.

"이건 지구의 날 그림이에요. 그때 엄마랑 같이 갔잖아요. 거기에 만화를 그리는 어린이 환경운동가가 왔었는데……."

파란 지구가 그려진 그림, 커다란 배가 가라앉아 바다에 기름띠가

퍼져가는 신문기사, 우리 동네 작은 산에서 만난 나무와 동물, 풀과 곤충들을 관찰한 그림, 환경 영화제 티켓……, 환경단체에서 선물로 준 '푸름이 일기장'에 내가 기록한 나의 환경 일기랍니다.

친구들도 환경문제를 기록해 봐요. 내가 관찰한 자연, 그날의 환경 뉴스 등 본 대로 느낀 대로 솔직하게 기록하면 돼요. 처음엔 한 장이지만 모아지면 한 권의 책이 돼요. 한 권의 책이 되면 뿌듯할 거예요.

관찰일기도 좋아요. 내가 좋아하는 장소나 동물, 곤충 모두 자세히 살펴보아요. 자꾸 보면 친해지고 사랑하게 될 거예요.

환경을 보호하는 일은 많은 사람들이 할수록 좋아요. 그래서 난 어린이신문에 환경문제에 대한 나의 의견을 알리기로 했어요.

엄마가 그랬어요. 우리처럼 앞으로 살아갈 날이 많은 어린이들이 환경을 지키는 생활 습관을 가지면 그 효과는 어른들보다 훨씬 크고 희망적이래요. 환경을 지키는 우리가 만드는 지구의 모습, 기대되지 않나요?

우리의 하루가 푸른 지구를 만들어요!

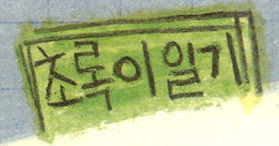

날짜 : 12월 31일
제목 : 사랑해, 지구야!

사람들은 동물 가죽으로 만든 코트를 가지려고 20~30 마리의 살쾡이와 표범을 죽인다. 몸에 좋다고 멸종 위기에 놓인 야생 곰까지 잡아먹는다니……, 참 이상하다. 곰을 먹지 않아도 몸을 건강하게 할 방법은 많이 있는데 말이다.

해마다 4만여 종의 생명체가 사람들 때문에 지구에서 사라지고 있다고 한다.

지구에 함께 사는 소중한 생명들과 사이좋게 살아갈 마음이 사람들 마음에서 사라진 걸까? 엄마는 우리가 행복하게 잘 살려면 나의 행복만을 생각해선 안 된다고 했다. 왜냐하면 우리가 사는 지구는 나만 혼자 사는 곳이 아니기 때문이다. 그래서 꼭 기억해야 할 것이 있다고 했다. 바로 '더불어 사는 것'이다.

난 엄마 아빠랑 새해 계획을 짜면서 몰래 한 가지 다짐한 것이 있다. 엄마에게도 말하지 않았다. 지구에게만 말했다.

"지구야, 네가 다시 건강해지도록 앞으로 내가 널 아끼고 지켜줄게. 알았지! 사랑해!"

내가 찾은 환경 뉴스

환경정보는 이곳에서 찾자!

① 눈높이 환경 교실 edu.me.go.kr

환경을 사랑하고 환경을 보호하는 일에 앞장선 어린이들을 위한 사이버 환경교실!

② 환경부 www.me.go.kr

우리나라의 환경정책을 한눈에 볼 수 있다. 아이들을 위한 눈높이 환경교실도 있고, 환경종합디지털도서관도 운영한다.

③ 환경운동연합 www.kfem.or.kr

우리나라에서 가장 큰 환경단체! 어린이 환경신문인 '푸름이 소식지'도 함께 볼 수 있다.

④ 에너지전환 www.energyvision.org

에너지에 대한 자료를 한 눈에 볼 수 있다.

⑤ 아름다운 가게 www.beautifulstore.org

'나누는 마음'을 알게 하는 곳.